In der gleichen Reihe erschienen:

Erfolgscheckliste für Existenzgründer
ISBN 3-8029-4572-7

Neue Chancen im Beruf
ISBN 3-8029-4501-8

Das 1. Jahr im neuen Job
ISBN 3-8029-4527-1

Arbeitsverträge
ISBN 3-8029-4507-7

Abmahnung: Wirksam handeln als Arbeitnehmer
ISBN 3-8029-3703-1

Die wichtigsten Verträge für Existenzgründer
ISBN 3-8029-3880-1

Vertragsbausteine Arbeitsvertrag
ISBN 3-8029-3918-2

Recht für Arbeitgeber
ISBN 3-8029-3621-3

Das aktuelle Recht für Arbeitnehmer
ISBN 3-8029-3493-8

Studenten brauchen Geld
ISBN 3-8029-3785-6

Wir freuen uns über Ihr Interesse an diesem Buch. Gerne stellen wir Ihnen kostenlos zusätzliche Informationen zu diesem Programmsegment zur Verfügung.

Bitte sprechen Sie uns an:

E-Mail: walhalla@walhalla.de
http://www.walhalla.de

Walhalla Fachverlag · Haus an der Eisernen Brücke · 93059 Regensburg
Telefon (09 41) 5 68 40 · Telefax (09 41) 5 684 111

Ralph Jürgen Bährle

BEFRISTETE ARBEITSVERTRÄGE

- Was Arbeitnehmer wissen müssen
- Verhandlungstipps
- Formulierungsvorschläge

WALHALLA
FACHVERLAG

Die Deutsche Bibliothek – CIP-Einheitsaufnahme

Bährle, Ralph Jürgen:
Befristete Arbeitsverträge : was Arbeitnehmer wissen müssen ; Verhandlungstipps ; Formulierungsvorschläge / Ralph Jürgen Bährle. – Regensburg ; Berlin : Walhalla-Fachverl., 2000
(Geld & Gewinn)
ISBN 3-8029-3701-5

Zitiervorschlag:
Ralph Jürgen Bährle, Befristete Arbeitsverträge
Regensburg, Berlin 2000

Hinweis: Unsere Werke sind stets bemüht, Sie nach bestem Wissen zu informieren. Die vorliegende Ausgabe beruht auf dem Stand von Mai 2000. Verbindliche Auskünfte holen Sie gegebenenfalls bei Ihrem Rechtsanwalt ein.

Produktion: Walhalla Fachverlag, 93042 Regensburg
Umschlaggestaltung: Gruber & König, Augsburg
Druck und Bindung: Westermann Druck Zwickau GmbH
Printed in Germany
ISBN 3-8029-3701-5

Nutzen Sie das Inhaltsmenü:
Die Schnellübersicht führt Sie zu Ihrem Thema.
Die Kapitelüberschriften führen Sie zur Lösung.

Schnellübersicht

Unentbehrliche Rechtskenntnis

Aufgrund der Globalisierung geraten die deutsche Wirtschaft und damit auch der Arbeitsmarkt unter zunehmenden Druck. Ein Mittel, den Einsatz von Arbeitskräften flexibler zu gestalten, ist die Befristung von Arbeitsverträgen.

Viele Unternehmen stellen neue Mitarbeiter überwiegend nur noch befristet ein. Dieser Trend wird sich fortsetzen – ja sogar verstärken. Dies gilt auch im Hinblick auf die „Green Card", die für einige Branchen in greifbare Nähe gerückt ist. Für andere Branchen wiederum erleichtert die Einstellung auf Zeit die kurz- und mittelfristige Personalplanung.

Der steigenden Beliebtheit befristeter Arbeitsverträge steht jedoch eine restriktive und arbeitnehmerfreundliche Rechtsprechung gegenüber, die immer dann zum Tragen kommt, wenn es bei Ablauf der Befristung nicht zu der vom Arbeitnehmer erhofften dauerhaften und unbefristeten Weiterbeschäftigung kommt.

Vor diesem Hintergrund sind befristete Arbeitsverträge nur dann ein Instrument des flexiblen und kostengünstigen Personaleinsatzes, wenn die Verträge den gesetzlichen und richterlichen Vorgaben entsprechen.

Arbeitsvertrag immer genau prüfen

Auch als Arbeitnehmer müssen Sie darauf achten, dass Ihre Rechte gewahrt werden. Erkennen Sie selbstständig, ob die Befristung in Ihrem Arbeitsvertrag rechtmäßig ist. Möglicherweise ist die Befristung rechtswidrig und damit unwirksam. In diesen Fällen läuft Ihr Arbeitsverhältnis als unbefristetes weiter. Überprüfen Sie deshalb Ihren Arbeitsvertrag!

Vorwort

Das Buch ist in vier Kapitel aufgeteilt:

- Im ersten Kapitel werden die Befristungen nach dem Beschäftigungsförderungsgesetz – also ohne sachlichen Grund – behandelt.
- Das zweite Kapitel beschäftigt sich mit den Rechtsfragen der Befristungen aus sachlichem Grund.
- Das dritte Kapitel stellt die für die Praxis relevanten Gründe für eine Befristung aus sachlichem Grund in alphabetischer Reihenfolge übersichtlich zusammen.
- Das vierte Kapitel behandelt die Auswirkungen der Befristung/Befristungsdauer auf arbeitsrechtliche Schutzgesetze.

Bei der Gestaltung rechtssicherer Verträge möchte Sie dieses Buch unterstützen.

Ralph Jürgen Bährle

Abkürzungen

ABM	Arbeitsbeschaffungsmaßnahme(n)
ArbplSchG	Arbeitsplatzschutzgesetz
BBiG	Berufsbildungsgesetz
BErzGG	Bundeserziehungsgeldgesetz
BeschFG	Beschäftigungsförderungsgesetz
BGB	Bürgerliches Gesetzbuch
BUrlG	Bundesurlaubsgesetz
EFZG	Entgeltfortzahlungsgesetz
KSchG	Kündigungsschutzgesetz
NachwG	Nachweisgesetz
MuSchG	Mutterschutzgesetz
SchwbG	Schwerbehindertengesetz
SGB	Sozialgesetzbuch

Befristung: Pro und Contra

1

Welche Befristungen sind möglich?

Ein befristetes Arbeitsverhältnis liegt vor, wenn die Arbeitsvertragsparteien – also Arbeitnehmer und Arbeitgeber – vereinbart haben, dass das Arbeitsverhältnis nach einer bestimmten Zeit automatisch endet. Eine Kündigung durch eine der Arbeitsvertragsparteien ist also nicht notwendig. Die entsprechende Vereinbarung kann mündlich getroffen werden. Ein Schriftformerfordernis besteht nicht.

Befristete Arbeitsverträge sind grundsätzlich zulässig. Sie sind nur dann unzulässig, wenn der durch die Kündigungsschutzbestimmungen gewährleistete Bestandsschutz des Arbeitsverhältnisses vereitelt wird. Daher muss für die Befristung ein sachlich rechtfertigender Grund existieren. Soll mit der Eingehung eines befristeten Arbeitsverhältnisses also z. B. das Kündigungsschutzgesetz oder das Mutterschutzgesetz umgangen werden, ist die Befristung unzulässig (siehe Kapitel 2). Außerdem engt das Beschäftigungsförderungsgesetz (BeschFG) das Kündigungsschutzgesetz (KSchG) ein, wodurch die Befristung von Arbeitsverhältnissen erleichtert wird.

Beispiel:

- Arbeitgeber A stellt Franz Klug für die Dauer von genau sechs Monaten ein. Um sich die Entscheidungsfreiheit über eine dauerhafte Einstellung zu bewahren, schlägt Arbeitgeber A dem Klug vor, für zwei Monate zu „pausieren" und ihn erst danach wieder für sechs Monate zu beschäftigen.

  Das Kündigungsschutzgesetz findet erst nach einer ununterbrochenen Beschäftigungszeit von sechs Monaten Anwendung. Im Beispielsfall könnte daher die gewählte Befristungsdauer und die nochmalige Beschäftigung in einem weiteren befristeten Arbeitsverhältnis zur Umgehung des Kündigungsschutzgesetzes dienen. Bei einer entsprechenden Klage des Arbeitnehmers könnte die Befristung aus diesem Grund für unwirksam erklärt werden.

- Arbeitgeber B stellt Andrea Schlau nach Beendigung der Ausbildung in einem befristeten Arbeitsverhältnis für die Dauer von vier Monaten ein. Arbeitgeber B hat vor Abschluss der Ausbildung erfahren, dass Frau Schlau schwanger ist.

  Durch den Abschluss eines befristeten Arbeitsvertrags werden nicht nur der Kündigungsschutz nach dem Mutterschutzgesetz, sondern auch die sonstigen Schutzbestimmungen zum Schutz der werdenden Mutter umgangen. Die Befristung des Arbeitsverhältnisses könnte daher unwirksam sein.

Wie erfolgt eine Befristung?

Arbeitsverträge können durch Zeit- und Zweckbefristung beendet werden.

Zeitbefristung

Das Ende des Arbeitsverhältnisses ist durch ein genau bestimmtes Datum festgelegt. Es kann aber auch aus dem Ablauf eines bestimmten Kalenderzeitraums errechenbar sein. Kalenderzeiträume sind Tage, Wochen, Monate oder Jahre.

Beispiel:

- Das Arbeitsverhältnis ist befristet bis zum 30. 11. 2000.
- Das Arbeitsverhältnis beginnt am 01. 11. 2000 und endet nach Ablauf von zwölf Wochen.
- Das Arbeitsverhältnis ist auf die Dauer von 15 Monaten befristet.

Praxis-Tipp:

Vermeiden Sie Unklarheiten hinsichtlich des genauen Enddatums, indem Sie das Enddatum auch dann exakt angeben, wenn Sie die Dauer des Arbeitsverhältnisses nach Kalenderzeiträumen befristen wollen.

Zweckbefristung

Eine Zweckbefristung liegt vor, wenn die Dauer des Arbeitsverhältnisses von vornherein nicht genau festgelegt werden kann, weil sie sich aus der Beschaffenheit oder dem Zweck der zu erbringenden Arbeitsleistung ergibt. Das Arbeitsverhältnis endet mit Eintritt eines bestimmten Ereignisses. Dieses Ereignis steht fest, aber nicht der Zeitpunkt, an dem es sich ereignet. Die Zweckbefristung darf aber nicht dazu führen, dass das unternehmerische Risiko – beispielsweise eine unsicherere Auftragslage – auf den Arbeitnehmer abgewälzt wird.

Beispiel:

Bauunternehmer A hat einen Bauauftrag, zu dessen Erfüllung er u. a. einen Heizungsinstallateur benötigt. Er will Kurt Warm einstellen, ihn aber nach Erledigung des Bauauftrags nicht weiterbeschäftigen. Bei Vertragsabschluss ist noch nicht absehbar, ob für die Ausführung des Bauauftrags sieben oder acht Monate benötigt werden. In diesem Fall kann eine Zweckbefristung vereinbart werden. Der Zweck ist „Erfüllung des Bauauftrags durch Einbau der ausgeschriebenen Heizungsinstallationen". Mit dem Erreichen dieses Zwecks endet das Arbeitsverhältnis.

Praxis-Tipp:

Vermeiden Sie Streitigkeiten darüber, ob der vereinbarte Zweck bereits eingetreten ist. Empfehlenswert ist die Kombination der Zweckbefristung mit einer Zeitbefristung. Geben Sie in diesem Fall zusätzlich ein Enddatum an, bei dem das Arbeitsverhältnis auf jeden Fall enden soll.

Wichtig: Bei der Vereinbarung einer reinen Zweckbefristung ist auf folgende Punkte zu achten:

- Der Zeitpunkt der Zweckerreichung muss für den Arbeitnehmer frühzeitig erkennbar sein. Im Zweifel muss der Arbeitgeber den Arbeitnehmer rechtzeitig darauf hinweisen, dass der vereinbarte Zweck in Kürze erreicht sein wird.
- Kann der Arbeitnehmer nicht frühzeitig erkennen, dass der vereinbarte Zweck erreicht ist und/oder teilt der Arbeitgeber dem Arbeitnehmer dies nicht mit, endet das Arbeitsverhältnis nicht mit Erreichen des vereinbarten Zwecks. Es endet dann erst nach Ablauf einer so genannten Auslauffrist. Die Länge dieser Auslauffrist entspricht der für das Arbeitsverhältnis geltenden Mindestkündigungsfrist.

Auswirkungen des Beschäftigungsförderungsgesetzes

Das Beschäftigungsförderungsgesetz (BeschFG) gibt es bereits seit Mai 1985. Es ist ein zeitlich befristetes Gesetz, das in der Vergangenheit immer – meist kurz vor Auslaufen – verlängert wurde.

Damit soll ein Anreiz für verstärkte Neueinstellungen geschafft und letztendlich der Arbeitslosigkeit begegnet werden. Das Beschäftigungsförderungsgesetz in seiner jetzigen Fassung gilt (noch) bis zum 31. 12. 2000.

Das Beschäftigungsförderungsgesetz erleichtert den Abschluss befristeter Arbeitsverträge. Die Erleichterung besteht in dem Verzicht auf das Vorliegen eines sachlichen Grundes. Bis zu seinem Inkrafttreten konnten befristete Arbeitsverträge nur bei Vorliegen eines so genannten „sachlichen Grundes" abgeschlossen werden. Ein sachlicher Grund war erforderlich:

- bei allen Befristungen von mehr als sechs Monaten Dauer wegen § 1 Kündigungsschutzgesetz,
- bei Befristungen unter sechs Monaten, wenn ein besonderer gesetzlicher Bestandsschutz umgangen wurde, z. B. das Mutterschutzgesetz.

Achtung: Durch das In-Kraft-Treten des Beschäftigungsförderungsgesetzes können jetzt befristete Arbeitsverhältnisse eingegangen werden, ohne dass der Arbeitgeber damit rechnen muss, nach Ablauf der Befristung vom Arbeitnehmer auf Fortsetzung des Arbeitsverhältnisses als unbefristetes Arbeitsverhältnis verklagt zu werden.

Musterformulierung

Für die Rechtswirksamkeit des befristeten Vertrags genügt die Angabe (oder eine sinngleiche Formulierung):

Das Arbeitsverhältnis ist nach dem Beschäftigungsförderungsgesetz befristet.

Wichtig: Das Beschäftigungsförderungsgesetz wurde bei seiner letzten Verlängerung inhaltlich geändert. Die zulässige Höchstdauer für Befristungen wurde von 18 auf 24 Monate erhöht. Außerdem wurde die in der Vergangenheit problematische Anschlussbefristung ausdrücklich zugelassen.

Praxis-Tipp:

Liegen die Voraussetzungen des Beschäftigungsförderungsgesetzes nicht vor, benötigt der Arbeitgeber einen sachlichen Grund für den Abschluss eines befristeten Arbeitsvertrags. Lesen Sie zu den Anforderungen an den sachlichen Grund bitte Kapitel 2. Anerkannte sachliche Befristungsgründe finden Sie in alphabetischer Reihenfolge in Kapitel 3.

Anwendbarkeit des Beschäftigungsförderungsgesetzes

Nach § 1 BeschFG muss beim Abschluss eines befristeten Arbeitsvertrags, der sich auf das Beschäftigungsförderungsgesetz stützen soll, Folgendes beachtet werden:

Anwendbarkeit des Beschäftigungsförderungsgesetzes

- Die Dauer der Befristung beträgt maximal 24 Monate.

  Innerhalb dieser Zeitspanne kann die Vertragsdauer frei gewählt werden. Auf das Beschäftigungsförderungsgesetz kann der Vertrag auch bei einer Dauer von z. B. vier Wochen oder drei Monaten gestützt werden.

- Innerhalb der Gesamtdauer von zwei Jahren darf der erste nach dem Beschäftigungsförderungsgesetz befristete Arbeitsvertrag höchstens dreimal verlängert werden. Durch die Verlängerungen darf die Gesamtdauer von insgesamt 24 Monaten nicht überschritten werden.

- Wurde der befristete Arbeitsvertrag nach dem Beschäftigungsförderungsgesetz bereits dreimal verlängert oder ist die Höchstdauer von 24 Monaten erreicht, kann das Beschäftigungsförderungsgesetz erst nach Ablauf von mindestens vier Monaten erneut angewendet werden (§ 1 Abs. 3 BeschFG).

Beispiele:

- Arbeitgeber A und Arbeitnehmer Fleißig schließen einen befristeten Arbeitsvertrag nach dem Beschäftigungsförderungsgesetz, der auf 15 Monate befristet ist. Nach Ablauf dieser 15 Monate möchte A mit Fleißig einen weiteren befristeten Arbeitsvertrag mit einer Dauer von zehn Monaten schließen.

  Dies ist nicht möglich, weil die zulässige Gesamtbefristungsdauer nach § 1 BeschFG von 24 Monaten überschritten wird. Der zweite befristete Arbeitsvertrag (Anschlussvertrag) darf nur auf neun Monate befristet werden. Die

Laufzeiten des ersten Arbeitsvertrags und des Anschlussvertrags dürfen zusammengerechnet nicht mehr als 24 Monate ergeben. Eine Verlängerung ist maximal für neun Monate möglich.

- Arbeitgeber B schließt mit Hurtig einen nach dem Beschäftigungsförderungsgesetz befristeten Arbeitsvertrag mit einer Dauer von sechs Monaten. Nach Ablauf dieser sechs Monate wird ein weiterer befristeter Anschlussvertrag von ebenfalls sechs Monaten Dauer geschlossen. Nach Ablauf der insgesamt zwölf Monate kann noch eine zweite Verlängerung um weitere zwölf Monate erfolgen.
- Arbeitgeber A hat mit Flink einen befristeten Arbeitsvertrag von 24 Monaten Dauer nach § 1 BeschFG abgeschlossen. Der Vertrag soll um sechs Monate verlängert werden. Eine Verlängerung nach § 1 BeschFG ist nicht möglich, da mit dem ersten befristeten Arbeitsvertrag die zulässige Höchstdauer für die Befristung ausgeschöpft worden ist.

Wichtig: Ein Arbeitgeber kann aber im Anschluss an den nach dem Beschäftigungsförderungsgesetz befristeten Arbeitsvertrag einen neuen befristeten Arbeitsvertrag abschließen, wenn hierfür ein sachlicher Grund vorliegt. Welche sachlichen Gründe einen befristeten Anschlussvertrag rechtfertigen, lesen Sie bitte in Kapitel 2.

§ 1 Abs. 4 BeschFG lässt ausdrücklich befristete Arbeitsverträge auch aus anderen Gründen – also außerhalb des BeschFG – zu.

§ 1 Abs. 4 BeschFG

Die Zulässigkeit der Befristung des Arbeitsvertrags aus anderen Gründen bleibt unberührt.

Praxis-Tipp:

Aus dieser Formulierung kann aber nicht geschlossen werden, dass beliebig befristete Arbeitsverträge geschlossen werden dürfen. Befristete Verträge außerhalb des Beschäftigungsförderungsgesetzes sind nur dann zulässig, wenn hierfür tatsächlich ein sachlicher Grund besteht.

Ältere Arbeitnehmer

Bei Arbeitnehmern, die zu Beginn des befristeten Arbeitsverhältnisses das 60. Lebensjahr vollendet haben, erlaubt § 1 Abs. 2 BeschFG grundsätzlich den Abschluss befristeter Arbeitsverträge ohne die zeitliche Begrenzung auf 24 Monate Höchstdauer.

Achtung: Mit einem älteren Arbeitnehmer können daher auch befristete Arbeitsverträge mit einer Laufzeit über 24 Monate abgeschlossen werden.

Zusammenhang mit früheren Arbeitsverhältnissen

Steht nach dem Beschäftigungsförderungsgesetz ein befristeter Arbeitsvertrag in engem sachlichen Zusammenhang mit einer vorhergehenden unbefristeten oder befristeten Beschäftigung bei demselben Arbeitgeber, so ist eine Befristung unzulässig. Der enge sachliche Zusammenhang kann sich aus dem Vertragszweck, aber auch allein aus der zeitlichen Nähe ergeben.

So bestimmt § 1 Abs. 3 BeschFG ausdrücklich, dass ein enger sachlicher Zusammenhang zwischen den beiden Arbeitsverträgen insbesondere dann anzunehmen ist, wenn zwischen ihnen ein Abstand von weniger als vier Monaten liegt.

Besteht zwischen zwei Arbeitsverträgen ein enger sachlicher Zusammenhang und wurde der zweite Arbeitsvertrag befristet abgeschlossen, so ist die Befristung unzulässig. Dies hat zur Folge, dass die getroffene Befristungsvereinbarung unwirksam wird. Hierdurch wird aber in den wenigsten Fällen der gesamte Arbeitsvertrag nichtig. Vielmehr führt die Unwirksamkeit der Befristung dazu, dass aus dem befristeten Arbeitsverhältnis ein unbefristetes Arbeitsverhältnis wird.

Praxis-Tipp:

Auch bei einer größeren Zeitspanne von mehr als vier Monaten zwischen zwei Verträgen kann ein enger sachlicher Zusammenhang bestehen, z. B. aufgrund der auszuführenden Arbeiten. Auch in diesen Fällen kann daher im Streitfall die Befristung des zweiten Vertrags für unwirksam erklärt werden, mit der Folge, dass ein unbefristetes Arbeitsverhältnis vorliegt.

Beispiele:

- Zwischen Arbeitgeber A und Arbeitnehmer Fleißig bestand ein unbefristetes Arbeitsverhältnis. Dieses wurde von Arbeitgeber A gekündigt und endete zum 30. 06. Zum 01. 09. stellt Arbeitgeber A den Arbeitnehmer Fleißig befristet für 24 Monate ein.

  Die Befristung ist nach § 1 Abs. 3 BeschFG unzulässig und damit unwirksam. Klagt Arbeitnehmer Fleißig gegen die Befristung, wird er voraussichtlich gewinnen und wieder in einem unbefristeten Arbeitsverhältnis zu A stehen.

- Arbeitgeber B betraute Arbeitnehmer Findig im Rahmen eines auf zwei Jahre befristeten Arbeitsvertrags mit einem

> Forschungsprojekt. Sieben Monate nach Beendigung dieses befristeten Arbeitsvertrags stellt B den Arbeitnehmer Findig zur Fortführung des Forschungsprojektes erneut in einem befristeten Arbeitsverhältnis ein.
>
> Zwischen den beiden Arbeitsverhältnissen besteht aufgrund des einheitlichen Forschungsobjektes ein enger sachlicher Zusammenhang. Im Streitfall um die Wirksamkeit der Befristung des zweiten Arbeitsvertrags wird das Arbeitsgericht mit großer Wahrscheinlichkeit deswegen die Befristung für unwirksam erklären.

Gibt es zwischen Arbeitgeber und Arbeitnehmer Streit über die Wirksamkeit einer getroffenen Befristungsabrede, prüft das Arbeitsgericht immer anhand der Umstände des konkreten Einzelfalls.

Rechtsprechung

Bis zum Inkrafttreten des Beschäftigungsförderungsgesetzes 1985 durften befristete Arbeitsverträge nur abgeschlossen werden, wenn hierfür ein so genannter sachlicher Grund vorlag. Welche Gründe die Befristung eines Arbeitsverhältnisses rechtfertigen konnten, bestimmten die Arbeitsgerichte, insbesondere die Rechtsprechung des Bundesarbeitsgerichts.

Diese Rechtsprechung des Bundesarbeitsgerichts spielt heute immer noch eine Rolle, nicht nur bei Verträgen außerhalb des Beschäftigungsförderungsgesetzes, sondern auch bei Verträgen in dessen Rahmen. Auf die Rechtsprechung wird dann zurückgegriffen, wenn ein Arbeitnehmer fristgerecht beim Arbeitsgericht beantragt, die Unwirksamkeit der getroffenen Befristungsabrede festzustellen.

Tipps zur Vertragsgestaltung

Für die Durchführung befristeter Arbeitsverhältnisse gelten grundsätzlich keine Besonderheiten. Alle arbeitsrechtlichen Vorschriften, die auf unbefristete Arbeitsverhältnisse Anwendung finden, gelten auch für nach dem Beschäftigungsförderungsgesetz befristete Arbeitsverhältnisse. Grundsätzlich gilt, dass sich die Durchführung des Arbeitsverhältnisses nach den Regelungen im befristeten Arbeitsvertrag richtet.

Hinweis auf §1 BeschFG

Beim Abschluss eines befristeten Arbeitsvertrags nach dem Beschäftigungsförderungsgesetz sollte zur Vermeidung von Streitigkeiten über das Vorliegen eines sachlichen Grundes immer darauf hingewiesen werden, dass es sich um einen nach § 1 BeschFG befristeten Arbeitsvertrag handelt. Wird der ursprüngliche Vertrag verlängert, sollte ein entsprechender Hinweis auf das Beschäftigungsförderungsgesetz ebenfalls nicht fehlen.

Kündigungsschutz

Befristete Arbeitsverträge sind – ordentlich – grundsätzlich nicht kündbar. Das Recht zur Kündigung muss vertraglich vereinbart sein. Bitte lesen Sie hierzu im Kapitel 4 den Abschnitt „Kündigung und Kündigungsschutz".

Ein Arbeitnehmer, der im Rahmen eines nach § 1 BeschFG befristeten Arbeitsvertrags eingestellt wurde, genießt auch den allgemeinen und besonderen Kündigungsschutz, sofern die Voraussetzungen hierfür vorliegen.

Kündigungsschutz auf einen Blick

Im Einzelnen bedeutet dies z. B., dass sich der Arbeitnehmer/die Arbeitnehmerin

- auf das Kündigungsschutzgesetz berufen kann, wenn er aufgrund des nach § 1 BeschFG befristeten Arbeitsvertrags ununterbrochen länger als sechs Monate beschäftigt ist und der Betrieb regelmäßig mehr als fünf Arbeitnehmer beschäftigt (§§ 1, 23 KSchG),
- auf den Kündigungsschutz als Schwerbehinderter berufen kann, wenn er als Schwerbehinderter anerkannt wurde und das Arbeitsverhältnis länger als sechs Monate bestanden hat (§§ 15, 20 Abs. 1 Ziffer 1 SchwbG),
- auf den Kündigungsschutz nach dem Mutterschutzgesetz berufen kann, wenn eine Schwangerschaft vorliegt und diese dem Arbeitgeber mitgeteilt wurde (§ 9 MuSchG). Der Kündigungsschutz nach dem Mutterschutzgesetz greift unabhängig von der Dauer des Beschäftigungsverhältnisses ein.

Urlaub

Auch ein im Rahmen eines nach § 1 BeschFG eingestellter Arbeitnehmer hat Anspruch auf Urlaub. Dessen Dauer richtet sich nach einem gegebenenfalls anzuwendenden Tarifvertrag, den Regelungen im Arbeitsvertrag und nach den Vorschriften des Bundesurlaubsgesetzes (BUrlG).

In der Regel enthalten Tarifverträge, aber auch Arbeitsverträge Regelungen zur Dauer des Urlaubs, zum Urlaubsentgelt und Urlaubsgeld. Das Bundesurlaubsgesetz findet in diesen Fällen ergänzend insoweit Anwendung, als Tarifvertrag und/oder Einzelarbeitsvertrag keine oder nur teilweise Regelungen enthalten.

Wichtig: Wird im Einzelarbeitsvertrag nur auf die gesetzlichen Regelungen verwiesen und findet kein Tarifvertrag Anwendung, so gilt das Bundesurlaubsgesetz in vollem Umfang, also auch hinsichtlich der Dauer des Urlaubs.

Krankheit

Erkrankt der im Rahmen eines nach § 1 BeschFG befristeten Arbeitsvertrags eingestellte Arbeitnehmer und wird deswegen arbeitsunfähig, so genießt er den Schutz des Entgeltfortzahlungsgesetzes (§ 1 EFZG). Er hat also Anspruch auf Entgeltfortzahlung im Krankheitsfall wie ein unbefristet eingestellter Arbeitnehmer auch.

Achtung: Der Anspruch auf Entgeltfortzahlung für die Dauer von längstens sechs Wochen entsteht nach § 3 Abs. 3 EFZG allerdings für alle Arbeitnehmer erstmals nach einer ununterbrochenen Dauer des Arbeitsverhältnisses von vier Wochen.

Praxis-Tipp:

- Der befristet eingestellte Arbeitnehmer muss seine krankheitsbedingte Arbeitsunfähigkeit unverzüglich mitteilen.
- Bei einer Krankheit von mehr als drei Kalendertagen muss er durch eine ärztliche Bescheinigung die Arbeitsunfähigkeit und deren voraussichtliche Dauer beim Arbeitgeber nachweisen (§ 5 EFZG).
- Solange das Attest nicht vorgelegt wird, kann der Arbeitgeber die Entgeltfortzahlung verweigern (§ 7 EFZG).
- Die Anzeige- und Nachweispflichten des Arbeitnehmers bestehen auch in den ersten vier Wochen des Arbeitsverhältnisses.

Musterarbeitsvertrag bei Befristung nach dem Beschäftigungsförderungsgesetz

Der folgende Musterarbeitsvertrag regelt ausführlich die Punkte eines Arbeitsverhältnisses. Teilweise werden verschiedene Regelungs- bzw. Formulierungsvorschläge gemacht. Die Vertragsparteien müssen sich für eine der vorgeschlagenen Regelungen entscheiden. Am Ende der einzelnen Regelungen werden Alternativen kommentiert und/oder auf die Bedeutung der vertraglichen Regelung hingewiesen (Anmerkungen).

Arbeitsvertrag

Zwischen dem Arbeitgeber ...,
vollständige Anschrift ...

- nachstehend Arbeitgeber genannt -

und

Herrn/Frau ..., vollständige Anschrift ...

- nachstehend Mitarbeiter/ Mitarbeiterin genannt -

wird folgender befristeter Arbeitsvertrag geschlossen:

§ 1 Tätigkeit und Aufgabengebiet

(1) Der Mitarbeiter/Die Mitarbeiterin wird als ... (Angabe der Berufsbezeichnung) eingestellt.

(2) Das Aufgabengebiet des Mitarbeiters/der Mitarbeiterin umfasst insbesondere folgende Tätigkeiten:

...

...

...

Es genügt die Umschreibung der auszuführenden Tätigkeit durch die allgemein anerkannte Berufsbezeichnung, z. B. Einstellung als Buchhalterin. Die Aufzählung einzelner Tätigkeiten, die am konkreten Arbeitsplatz auszuführen sind, weist den Mitarbeiter auf seine konkreten Pflichten besonders hin. Je genauer die Tätigkeiten beschrieben sind, um so schwieriger kann allerdings die Zuweisung anderer Tätigkeiten werden. Es sollte deswegen auf das Wort „insbesondere“ geachtet werden.

(3) Die Übernahme von entgeltlichen und unentgeltlichen Nebentätigkeiten bedarf der vorherigen schriftlichen Zustimmung des Arbeitgebers. Der Arbeitgeber verpflichtet sich, dem Mitarbeiter/der Mitarbeiterin die Zustimmung zu erteilen, sofern seine berechtigten Interessen oder die Ausführung dieses Arbeitsverhältnisses durch die Nebentätigkeit nicht beeinträchtigt werden.

Eine generelle Untersagung aller Nebentätigkeiten ist nicht erlaubt. Es können nur Nebentätigkeiten untersagt werden, die die Interessen des Arbeitgebers beeinträchtigen oder – z. B. wegen zu langer Arbeitszeiten – zu einer Störung des Arbeitsverhältnisses führen können.

(4) Der Arbeitgeber behält sich vor, dem Mitarbeiter/der Mitarbeiterin innerhalb des Unternehmens bei unveränderten Bezügen auch eine andere, seiner Vorbildung und seinen Fähigkeiten entsprechende Tätigkeit zu übertragen und ihn an einen anderen Ort zu versetzen.

Mit dieser Klausel wird eine Versetzung aufgrund einseitiger Weisung des Arbeitgebers möglich, sofern die Zuweisung einer anderen Tätigkeit noch vom Arbeitsvertrag (insbesondere § 1 Ziffer 1 und 2 des Vertrags) gedeckt ist.

§ 2 Beginn, Probezeit,
Beendigung des Arbeitsverhältnisses

(1) Das Arbeitsverhältnis beginnt am 00.00.00. Eine ordentliche Kündigung vor Arbeitsantritt ist ausgeschlossen.

(2) Die ersten drei Monate gelten als Probezeit. Während der Probezeit kann das Beschäftigungsverhältnis mit einer Kündigungsfrist von

- zwei Wochen (= gesetzliche Kündigungsfrist, Mindestkündigungsfrist)
- oder alternativ: einem Monat zum Monatsende (= vertraglich vereinbarte Kündigungsfrist)

gekündigt werden.

Die Vertragspartner müssen sich für eine der beiden beispielhaft genannten Kündigungsfristen entscheiden oder die von beiden Vertragsparteien gewünschte Kündigungsfrist vereinbaren. Die gesetzliche Mindestkündigungsfrist darf dabei nicht unterschritten werden.

(3) Das Arbeitsverhältnis wird befristet für die Dauer von 24 Monaten geschlossen (§ 1 Absatz 1 BeschFG). Es endet daher am 00.00.00, ohne dass es einer Kündigung bedarf.

Der Hinweis auf das Beschäftigungsförderungsgesetz ist wichtig, um im Streitfall das Vorliegen des so genannten sachlichen Grundes nicht beweisen zu müssen. Auf § 1 BeschFG kann der Arbeitgeber sich allerdings nur berufen, wenn dessen Voraussetzungen auch vorliegen.

(4) Beide Parteien können das Arbeitsverhältnis nach Ablauf der Probezeit auch vorzeitig durch ordentliche Kündigung unter Einhaltung der gesetzlichen Kündigungsfristen beenden. Das Recht der außerordentlichen Kündigung bleibt hiervon unberührt.

(5) Bei Beendigung des Arbeitsverhältnisses ist der Mitarbeiter/die Mitarbeiterin verpflichtet, alle ihm/ihr überlassenen Gegenstände und Unterlagen an den Arbeitgeber zurückzugeben. Ein Zurückbehaltungsrecht des Mitarbeiters/der Mitarbeiterin besteht nicht.

Bei den gesetzlichen Kündigungsfristen handelt es sich um Mindestkündigungsfristen. Die gesetzlichen Kündigungsfristen dürfen nicht unterschritten werden. Längere als die gesetzlichen Kündigungsfristen können vereinbart werden. Bei einer Beschäftigungsdauer bis zu zwei Jahren betragen die gesetzlichen Kündigungsfristen nach § 622 BGB vier Wochen zum 15. eines Monats oder zum Monatsende. Die Arbeitsvertragsparteien können aber auch die Grundkündigungsfrist beibehalten und nur den Kündigungstermin abweichend von der gesetzlichen Regelung z. B. auf das Monatsende festlegen.

§ 3 Arbeitszeit, Urlaub

(1) Die betriebsübliche tägliche Arbeitszeit beginnt zur Zeit um 7.30 Uhr.

Die betriebsübliche tägliche Arbeitszeit beträgt zur Zeit 7,75 Stunden zuzüglich insgesamt 45 Minuten Pause. Die betriebsübliche tägliche Arbeitszeit endet damit zur Zeit unter Berücksichtigung der (unbezahlten) Pausen um 16.00 Uhr.

Bei einer Änderung der betriebsüblichen Arbeitszeit und/oder des Beginns oder Endes der betriebsüblichen täglichen oder wöchentlichen Arbeitszeit wird die geänderte betriebsübliche Arbeitszeit Bestandteil dieses Vertrags.

(2) Der Mitarbeiter/Die Mitarbeiterin ist verpflichtet, im Rahmen der gesetzlichen und tariflichen Bestimmungen über die vereinbarte Arbeitszeit hinaus zu arbeiten, sofern der Arbeitgeber aus dringenden betrieblichen Erfordernissen Überstunden anordnet. Überstunden werden nur vergütet, wenn der Arbeitgeber sie ausdrücklich angeordnet hat. In diesem Fall werden sie mit der vertraglich vereinbarten Grundvergütung - ohne Zuschläge - vergütet.

(3) Der Mitarbeiter/Die Mitarbeiterin erhält kalenderjährlich einen Erholungsurlaub von

- 20 Arbeitstagen/24 Werktagen (gesetzlicher Mindesturlaub)
- 30 Arbeitstagen/36 Werktagen (einzelvertraglich vereinbarter Urlaubsanspruch)

Der Urlaub wird in Abstimmung mit der Geschäftsleitung festgelegt. Der Urlaub ist grundsätzlich im laufenden Kalenderjahr zu nehmen. Wird er aus den in § 7 Absatz 4 BUrlG genannten Gründen ins folgende Kalenderjahr übertragen, ist er bis zum 31.03. dieses Jahres zu nehmen. Bis zum 31.03. eines Jahres nicht genommener Altjahresurlaub verfällt ersatzlos. Im Übrigen findet ergänzend das Bundesurlaubsgesetz Anwendung.

Der befristet eingestellte Mitarbeiter hat Anspruch auf den gesetzlichen Mindesturlaub oder den einzelvertraglich vereinbarten, über den gesetzlichen Mindesturlaub hinausgehenden Urlaub. Der gesetzliche Mindesturlaub beträgt 24 Werktage (bei einer Sechs-Tage-Woche) bzw. 20 Arbeitstage (bei einer Fünf-Tage-Woche). Vertraglich kann jede Urlaubsdauer, die über den gesetzlichen Mindesturlaub hinausgeht, vereinbart werden. Es empfiehlt sich, bei einer Sechs-Tage-Arbeitswoche die Dauer des Urlaubs nach Werktagen, bei einer Fünf-Tage-Arbeitswoche nach Arbeitstagen zu vereinbaren.

§ 4 Dienstverhinderung

(1) Der Mitarbeiter/Die Mitarbeiterin ist verpflichtet, dem Arbeitgeber jede Dienstverhinderung und ihre voraussichtliche Dauer unverzüglich anzuzeigen. Auf Verlangen sind die Gründe mitzuteilen.

(2) Im Falle der krankheitsbedingten Arbeitsunfähigkeit ist der Mitarbeiter/die Mitarbeiterin verpflichtet, vor Ablauf des dritten Kalendertages nach Beginn der Arbeitsunfähigkeit eine ärztliche Bescheinigung über die Arbeitsunfähigkeit sowie deren voraussichtliche Dauer vorzulegen. Dauert die Arbeitsunfähigkeit länger als in der Bescheinigung angegeben, so ist der Mitarbeiter/die Mitarbeiterin verpflichtet, unverzüglich eine neue ärztliche Bescheinigung (Folgebescheinigung) vorzulegen.

(3) Der Mitarbeiter/Die Mitarbeiterin ist verpflichtet, dem Arbeitgeber unverzüglich eine Bescheinigung über die Bewilligung einer Kur oder eines Heilverfahrens vorzulegen und den Zeitpunkt des Antritts mitzuteilen. Die Bescheinigung über die Bewilligung muss Angaben über die voraussichtliche Dauer der Kur oder des Heilverfahrens enthalten. Dauert die Kur oder das Heilverfahren länger als in der Bescheinigung angegeben, ist der Mitarbeiter/die Mitarbeiterin verpflichtet, dem Arbeitgeber unverzüglich eine weitere entsprechende Bescheinigung vorzulegen.

(4) Die Entgeltfortzahlung im Krankheitsfall richtet sich nach den jeweils geltenden gesetzlichen Vorschriften.

Diese Regelungen entsprechen den gesetzlichen Regelungen des Entgeltfortzahlungsgesetzes. Der Arbeitgeber kann aber bei entsprechender vertraglicher Vereinbarung oder betrieblicher Übung die Vorlage eines ärztlichen Attestes zum Nachweis der Krankheit bereits ab dem ersten Krankheitstag verlangen.

§ 5 Bezüge

(1) Der Mitarbeiter/Die Mitarbeiterin erhält ein monatliches Bruttogehalt von DM ... (in Worten: ...), das am Ende eines jeden Kalendermonates nachträglich auf ein vom Mitarbeiter/von der Mitarbeiterin zu benennendes Konto gezahlt wird.

(2) Das Bruttomonatsgehalt setzt sich wie folgt zusammen:

a)	Grundgehalt	DM ...
b)	freiwillige, jederzeit widerrufliche Zulage	DM ...
c)	Vermögenswirksame Leistungen ...	DM ...
d)	...	DM ...
	Summe:	DM ...

(3) Die Abtretung sowie die Verpfändung von Gehaltsbestandteilen ist ausgeschlossen. Bei Pfändung der Bezüge wird dem Mitarbeiter/der Mitarbeiterin monatlich 1 % der gepfändeten Summe für die dem Arbeitgeber durch die Pfändung entstehenden Kosten einbehalten.

§ 6 Dienstreisen

Für die Erstattung der Kosten anlässlich von Dienstreisen gelten die allgemeinen Richtlinien des Arbeitgebers über die Vergütung von Reisekosten, die insoweit Bestandteil dieses Vertrages sind. Die Reisekostenrichtlinien können jederzeit eingesehen werden. Auf Wunsch erhält der Mitarbeiter/die Mitarbeiterin ein Exemplar der Reisekostenrichtlinien ausgehändigt.

§ 7 Diensterfindungen, Verbesserungsvorschläge

Für die Behandlung von Diensterfindungen gelten die Vorschriften des Gesetzes über Arbeitnehmererfindungen vom 30.07.1957 sowie die hierzu ergangenen „Richtlinien für die Vergütung von Arbeitnehmererfindungen im privaten Dienst" vom 20.07.1959, bezüglich etwaiger Verbesserungsvorschläge die Betriebsvereinbarungen vom 00.00.00 und die einschlägigen steuerrechtlichen Regelungen.

§ 8 Vertragsstrafe

Für den Fall der schuldhaften Nichtaufnahme oder der vertragswidrigen Beendigung der Tätigkeit verpflichtet sich der Mitarbeiter/die Mitarbeiterin, dem Arbeitgeber eine Vertragsstrafe in Höhe eines Gesamtmonatseinkommens zu zahlen. Das Gesamtmonatseinkommen wird nach dem Durchschnitt der Bezüge der letzten zwölf Monate oder, im Falle einer kürzeren Beschäftigungsdauer, nach dem Durchschnittsverdienst während der Beschäftigungszeit oder, sofern die Tätigkeit nicht aufgenommen wurde, nach der vereinbarten Vergütung errechnet. Der Arbeitgeber ist berechtigt, einen weitergehenden Schaden geltend zu machen.

Vertragsstrafenvereinbarungen sind zulässig, aber meist nur bei höhergestellten Positionen üblich.

§ 9 Geheimhaltungsfrist

(1) Der Mitarbeiter/Die Mitarbeiterin verpflichtet sich, während der Dauer des Vertrages und nach seiner Beendigung über alles, was nach handelsüblicher Auffassung unter Geschäfts- und Betriebsgeheimnissen verstanden wird (insbesondere Posteingang, Stand und Betrieb des Geschäftes, Fabrikationsmethoden, Versuchsarbeiten, Planungen, vorrätige Apparate, Maschinen, Bezugsquellen, Absatzverhältnisse, Geschäftsabschlüsse, Kalkulation u.Ä.), Dritten gegenüber Stillschweigen zu bewahren, so weit diese nicht durch ihre dienstliche Tätigkeit zur Entgegennahme solcher Mitteilungen berufen sind und sich schriftlicher Aufzeichnungen über die Geschäftsangelegenheiten des Arbeitgebers jeder Art für sich oder Dritte zu enthalten.

(2) Für Geheimverfahren und geheime Konstruktionen, welche dem Mitarbeiter schriftlich als solche bezeichnet werden, gilt die Schweigepflicht ohne zeitliche Begrenzung.

§ 10 Schlussbestimmungen

(1) Vereinbarungen außerhalb des Vertrages sind zwischen den Parteien nicht getroffen worden.

(2) Änderungen und Ergänzungen des Vertrages bedürfen der schriftlichen Form. Auf das Erfordernis der Schriftform kann nur durch beiderseitige schriftliche Erklärung verzichtet werden.

(3) Sollte eine der Regelungen dieses Vertrages unwirksam oder undurchführbar sein, verpflichten sich Arbeitgeber und Mitarbeiter/Mitarbeiterin eine der unwirksamen Regelung im wirtschaftlichen Ergebnis gleichwertige Vereinbarung zu treffen. Die Wirksamkeit der übrigen Regelungen bleibt von der Unwirksamkeit einzelner Regelungen unberührt.

Ort, Datum

Arbeitgeber Mitarbeiter/Mitarbeiterin

Befristungen bei sachlichem Grund

2

Befristungen außerhalb des Beschäftigungsförderungsgesetzes

Außerhalb des Beschäftigungsförderungsgesetzes kann ein befristeter Arbeitsvertrag grundsätzlich nur bei Vorliegen eines so genannten sachlichen Grundes abgeschlossen werden. Mit dieser von der Rechtsprechung des Bundesarbeitsgerichts aufgestellten Voraussetzung soll verhindert werden, dass durch den Abschluss befristeter Arbeitsverträge der allgemeine Kündigungsschutz des Kündigungsschutzgesetzes oder ein besonderer Kündigungsschutz umgangen wird.

Das Kündigungsschutzgesetz findet nur Anwendung, wenn:

- regelmäßig mehr als fünf Arbeitnehmer beschäftigt werden. Hierbei zählen auch Teilzeitbeschäftigte mit, allerdings anteilig entsprechend ihrer wöchentlichen Arbeitszeit.
- das Arbeitsverhältnis länger als sechs Monate besteht.

Allgemeiner Kündigungsschutz

Ein Ziel des Kündigungsschutzgesetzes ist es, befristete Arbeitsverhältnisse zu vermeiden. Das bedeutet im Umkehrschluss, in Fällen, in denen das Kündigungsschutzgesetz gar keine Anwendung findet, ist der Abschluss eines befristeten Arbeitsvertrags auch ohne das Vorliegen eines sachlichen Grundes erlaubt.

Außerhalb des Beschäftigungsförderungsgesetzes und ohne sachlichen Grund können befristete Arbeitsverträge in allen Betrieben abgeschlossen werden, in denen regelmäßig:

- nicht mehr als fünf Arbeitnehmer beschäftigt werden, mit beliebig langer Befristungsdauer – also ohne zeitliche Begrenzung auf zwei Jahre.
- mehr als fünf Arbeitnehmer beschäftigt werden, bis zu einer Dauer von sechs Monaten.

Wichtig: Im Rahmen des Kündigungsschutzgesetzes werden zur Berechnung der Anzahl der beschäftigten Arbeitnehmer Teilzeitbeschäftigte anteilig mitgezählt und zwar mit folgenden Faktoren:

Arbeitszeit über 30 Stunden	1,00
Arbeitszeit bis zu 30 Stunden	0,75
Arbeitszeit bis zu 20 Stunden	0,50.

Besonderer Kündigungsschutz

Unter dem besonderen Kündigungsschutz versteht man den Schutz des Arbeitnehmers vor einer Kündigung durch spezielle Gesetze. So enthalten z. B. das

- Mutterschutzgesetz und das
- Schwerbehindertengesetz

besondere Bestimmungen zur Kündigung. In beiden Fällen ist eine wirksame Kündigung an die Zustimmung einer staatlichen Behörde gebunden.

Praxis-Tipp:

Soll mit dem Abschluss eines befristeten Arbeitsvertrags von nicht mehr als sechs Monaten Dauer ein besonderer Kündigungsschutz umgangen werden, muss nach der Rechtsprechung des Bundesarbeitsgericht auch bei diesen Verträgen ein sachlicher Grund vorliegen, der die Befristung rechtfertigt.

Anforderungen an den sachlichen Grund

Die Fragen,

- ob ein sachlicher Grund für eine vereinbarte Befristung vorliegt und
- ob dieser sachliche Grund die Befristung rechtfertigt,

spielen bei Abschluss eines befristeten Arbeitsvertrags selten eine Rolle. Sie treten meist erst dann auf, wenn der Ablauf der Befristung in greifbare Nähe rückt und der Mitarbeiter nicht mit der Beendigung des Arbeitsverhältnisses einverstanden ist. In dieser Situation kommt es dann schnell zu einem arbeitsgerichtlichen Rechtsstreit über die Wirksamkeit der Befristung.

Praxis-Tipp:

- Nach § 1 Abs. 5 BeschFG muss ein Arbeitnehmer, der eine Befristung für unwirksam hält, innerhalb von drei Wochen nach dem vereinbarten Ende des befristeten Arbeitsvertrags Klage beim Arbeitsgericht erheben.
- Obwohl es sich um eine Regelung aus dem Beschäftigungsförderungsgesetz handelt, gilt diese Klagefrist auch für befristete Arbeitsverträge außerhalb des Beschäftigungsförderungsgesetzes.
- Nach Ablauf der Klagefrist ist die Befristung nicht mehr überprüfbar.

Welche Gründe eine Befristung sachlich rechtfertigen können, ist gesetzlich nicht geregelt. Hier ist allein die Rechtsprechung der Arbeitsgerichte und insbesondere des Bundesarbeitsgerichts maßgebend. Das Bundesarbeitsgericht hat in den vergangenen Jahren eine Vielzahl von Fällen entschieden, in denen es zum einen um die Zulässigkeit der Befristung als solche, aber auch um die Zulässigkeit der Dauer der Befristung ging. Nach der Auffassung des Bundesarbeitsgerichts muss nämlich nicht nur die Befristung des Arbeitsvertrags als solche, sondern auch deren Dauer sachlich gerechtfertigt sein.

Gerichtliche Prüfungsmaßstäbe

Kommt es über die Wirksamkeit einer Befristung zu einem Rechtsstreit zwischen Arbeitgeber und Arbeitnehmer, so prüft das Gericht also in zwei Schritten:

- Liegt ein sachlicher Grund vor, der den Abschluss eines befristeten Arbeitsvertrags rechtfertigt?

  Ist das der Fall, ist die Befristung als solche wirksam. Wenn nicht, wird die Befristung für unwirksam erklärt.

- Liegt ein sachlicher Grund vor, der die Befristung in der vereinbarten Dauer sachlich rechtfertigt?

  Ist das der Fall, ist der befristete Arbeitsvertrag wirksam. Wenn nicht, ist der befristete Arbeitsvertrag unwirksam.

Unbefristetes Arbeitsverhältnis

Erklärt das Arbeitsgericht die vereinbarte Befristung für unwirksam, weil kein sachlicher Grund für die Befristung und/oder die Dauer der Befristung bei Abschluss des Arbeitsvertrags vorlag, wird aus dem befristeten Arbeitsverhältnis automatisch ein unbefristetes Arbeitsverhältnis.

Auswirkungen einer unwirksamen Befristung

- Das Arbeitsverhältnis endet nicht mehr mit Ablauf der vereinbarten Befristung.
- Das Arbeitsverhältnis dauert über das vereinbarte Ende hinaus fort und muss zu unveränderten Arbeitsbedingungen weitergeführt werden.
- Das Arbeitsverhältnis kann in Zukunft einseitig – also gegen den Willen der anderen Vertragspartei – nur durch eine Kündigung beendet werden. Will der Arbeitgeber kündigen, so muss seine Kündigung sozial gerechtfertigt im Sinne von § 1 KSchG sein.

Folgen mehrere befristete Verträge aufeinander, prüfen die Gerichte immer nur die Wirksamkeit der letzten Befristung. Dies gilt auch dann, wenn eine der vorhergehenden Befristungen offensichtlich unwirksam war, z. B. wegen Umgehung des Kündigungsschutzes. Die Unwirksamkeit eines früheren befristeten Arbeitsvertrags, der bereits durch einen neuen befristeten Vertrag abgelöst wurde, wirkt sich also nicht auf spätere befristete Verträge aus. Diese bleiben – bis zu einer gegenteiligen Entscheidung des Arbeitsgerichts – wirksam.

Wichtig: Die Arbeitsgerichte überprüfen nur den Arbeitsvertrag, gegen dessen Befristung sich der Arbeitnehmer mit seiner Klage wendet. Bestanden zwischen Arbeitgeber und Arbeitnehmer jedoch nicht nur dieser eine angegriffene Arbeitsvertrag, sondern in der Vergangenheit schon andere befristete Arbeitsverträge, so steigen mit jedem befristeten Arbeitsvertrag die Anforderungen an die sachliche Rechtfertigung der Befristung und deren Dauer.

Tipps zur Vertragsgestaltung

Für die Durchführung befristeter Arbeitsverträge außerhalb des Beschäftigungsförderungsgesetzes gelten grundsätzlich keine Besonderheiten. Alle arbeitsrechtlichen Vorschriften, die auf unbefristete Arbeitsverhältnisse Anwendung finden, gelten auch für diese befristeten Arbeitsverträge. Die Durchführung des Arbeitsverhältnisses richtet sich zudem grundsätzlich nach den Regelungen im befristeten Arbeitsvertrag.

Sachlichen Grund genau bezeichnen!

Existiert für die Befristung ein sachlicher Grund, sollte dieser zur Vermeidung von Streitigkeiten so genau wie möglich benannt werden. Der genannte Grund wird im Streitfall herangezogen, um die sachliche Rechtfertigung der Befristung, aber auch der Befristungsdauer zu prüfen.

Wichtig: Bei komplizierten Sachverhalten, z. B. einer Krankheitsvertretung, deren Dauer von vornherein nicht bestimmbar ist, kann es hilfreich sein, wenn auch die gewählte Dauer der Befristung kurz erläutert wird. Bei einfachen Sachverhalten, z. B. Vertretung für die bereits feststehende Dauer eines Erziehungsurlaubs, genügt die Angabe des sachlichen Grundes. Auf Anmerkungen zur Dauer der Befristung kann verzichtet werden.

Kündigungsschutz beachten!

Ein Arbeitnehmer, der im Rahmen eines befristeten Arbeitsvertrags außerhalb des Beschäftigungsförderungsgesetzes eingestellt wurde, genießt auch den allgemeinen und besonderen Kündigungsschutz, sofern die Voraussetzungen hierfür vorliegen. Im Einzelnen bedeutet dies z. B., dass sich der Arbeitnehmer/die Arbeitnehmerin:

- auf das Kündigungsschutzgesetz berufen kann, wenn er aufgrund des befristeten Arbeitsvertrags ununterbrochen länger als sechs Monate beschäftigt ist und der Betrieb regelmäßig mehr als fünf Arbeitnehmer beschäftigt (§§ 1, 23 KSchG),
- auf den Kündigungsschutz als Schwerbehinderter berufen kann, wenn er als Schwerbehinderter anerkannt wurde und das Arbeitsverhältnis länger als sechs Monate bestanden hat (§§ 15, 20 Abs. 1 Ziffer 1 SchwbG),
- auf den Kündigungsschutz nach dem Mutterschutzgesetz berufen kann, wenn eine Schwangerschaft vorliegt und diese dem Arbeitgeber mitgeteilt wurde (§ 9 MuSchG). Der Kündigungsschutz nach dem Mutterschutzgesetz greift unabhängig von der Dauer des Beschäftigungsverhältnisses ein.

Urlaub einplanen!

Jeder befristet eingestellte Arbeitnehmer hat Anspruch auf Urlaub. Dessen Dauer richtet sich nach einem ggf. anzuwendenden Tarifvertrag, den Regelungen im Arbeitsvertrag und nach den Vorschriften des Bundesurlaubsgesetzes (BUrlG).

In der Regel enthalten Tarifverträge, aber auch Arbeitsverträge Regelungen zur Dauer des Urlaubs, zum Urlaubsentgelt und Urlaubsgeld. Das Bundesurlaubsgesetz findet in diesen Fällen ergänzend insoweit Anwendung, als Tarifvertrag und/oder Einzelarbeitsvertrag keine oder nur teilweise Regelungen enthalten.

Wichtig: Wird im Einzelarbeitsvertrag nur auf die gesetzlichen Regelungen verwiesen und findet kein Tarifvertrag Anwendung, so gilt das Bundesurlaubsgesetz in vollem Umfang, d. h. auch hinsichtlich der Dauer des Urlaubs.

Entgeltfortzahlung bei Krankheit!

Erkrankt der im Rahmen eines außerhalb § 1 BeschFG befristeten Arbeitsvertrags eingestellte Arbeitnehmer und wird deswegen arbeitsunfähig, so genießt er den Schutz des Entgeltfortzahlungsgesetzes (§ 1 EFZG). Er hat also Anspruch auf Entgeltfortzahlung im Krankheitsfall wie ein unbefristet eingestellter Arbeitnehmer auch.

Achtung: Der Anspruch auf Entgeltfortzahlung für die Dauer von längstens sechs Wochen entsteht nach § 3 Abs. 3 EFZG allerdings für alle Arbeitnehmer erstmals nach einer ununterbrochenen Dauer des Arbeitsverhältnisses von vier Wochen. Die gesetzlichen Anzeige- und Nachweispflichten gelten auch hier.

Muster-Arbeitsverträge

Die folgenden Muster-Arbeitsverträge regeln die Punkte eines Arbeitsverhältnisses ausführlich. Teilweise werden verschiedene Regelungs- bzw. Formulierungsvorschläge gemacht. Die Vertragsparteien müssen sich für eine der vorgeschlagenen Regelungen entscheiden. Am Ende der einzelnen Regelungen werden Alternativen kommentiert und/oder auf die Bedeutung der vertraglichen Regelung hingewiesen (Anmerkungen). Es werden

- ein zweckbefristeter Arbeitsvertrag (Muster siehe Seite 44 ff.) für eine Krankheitsvertretung, deren zeitliche Dauer bei Abschluss des Vertrags nicht bestimmbar ist – und
- zwei zeitbefristete Arbeitsverträge (Muster Siehe Seiten 52 ff. und 57 ff.) für Zeiten des Mutterschutzes und Erziehungsurlaubs

vorgestellt. Hinsichtlich der Unterscheidung zwischen Zweck- und Zeitbefristung wird auf die Ausführungen am Anfang dieses Buches verwiesen (Kapitel 1).

Zweckbefristeter Arbeitsvertrag (Krankheitsvertretung)

Zwischen

Firma ...,
vollständige Anschrift

– im Folgenden Arbeitgeber genannt –

und

Herrn/Frau ..., ... Straße/Ort ...
(vollständige Anschrift)

– im Folgenden Mitarbeiter/
Mitarbeiterin genannt –

wird der nachfolgende befristete Arbeitsvertrag abgeschlossen:

§ 1 Beginn des Arbeitsverhältnisses, Tätigkeit

(1) Der Mitarbeiter/Die Mitarbeiterin nimmt am 00.00.00 seine/ihre Tätigkeit als ... (es genügt die Angabe der allgemein üblichen Berufs- oder Tätigkeitsbeschreibung) im Bereich ... (hier kann die Abteilung oder der Betriebsbereich genannt sein) in Vertretung des erkrankten Arbeitnehmers ... (es sollten hier Vor- und Nachname des zu vertretenden Mitarbeiters genannt werden) auf.

Zu den Aufgaben des Mitarbeiters/der Mitarbeiterin zählen insbesondere:

...

...

...

Auf jeden Fall auszuführende Arbeiten oder Aufgaben, die über das allgemeine Tätigkeitsbild hinausgehen, sollten hier erwähnt werden.

(2) Der Mitarbeiter/Die Mitarbeiterin hat seine/ihre ganze Arbeitskraft der Firma zu widmen. Die Übernahme von Nebentätigkeiten bedarf der vorherigen schriftlichen Zustimmung des Arbeitgebers. Der Arbeitgeber verpflichtet sich, die Zustimmung zu erteilen, sofern durch die Nebentätigkeit keine betrieblichen Interessen des Arbeitgebers oder die Arbeitsausführung durch den Mitarbeiter/die Mitarbeiterin beeinträchtigt werden.

(3) Der Arbeitgeber behält sich vor, dem Mitarbeiter/der Mitarbeiterin innerhalb des Unternehmens bei unveränderten Bezügen auch eine andere seiner/ihrer Vorbildung und seinen/ihren Fähigkeiten entsprechende Tätigkeit zu übertragen und ihn/sie an einen anderen Ort zu versetzen.

§ 2 Bezüge, Dienstreisen

(1) Der Mitarbeiter/Die Mitarbeiterin erhält ein monatliches Bruttogehalt von DM ..., das am Ende eines jeden Kalendermonats nachträglich gezahlt wird. Die Vergütung wird auf ein vom Mitarbeiter/von der Mitarbeiterin zu benennendes Konto überwiesen.

(2) Das Bruttomonatsgehalt setzt sich wie folgt zusammen:

a)	Grundgehalt	DM ...
b)	freiwillige, jederzeit widerrufliche und anrechenbare Zulage	DM ...
c)	...	DM ...
	Summe:	DM ...

(3) Die Abtretung sowie die Verpfändung der Vergütung insgesamt sowie von Vergütungsbestandteilen ist ausgeschlossen. Der Mitarbeiter/Die Mitarbeiterin versichert, dass zur Zeit des Vertragsabschlusses keine Abtretungen, Verpfändungen oder Pfändungen bestehen. Wird die Vergütung von einem Dritten gepfändet, wird dem Mitarbeiter/der Mitarbeiterin monatlich 1 % der gepfändeten Summe für die dem Arbeitgeber durch die Pfändung entstehenden Kosten einbehalten.

(4) Für die Erstattung der Kosten anlässlich von Dienstreisen gelten die allgemeinen Richtlinien des Arbeitgebers über die Vergütung von Reisekosten, die insoweit Bestandteil des Vertrages sind.

(5) Freiwillige Sonderzahlungen des Arbeitgebers können für Zeiten der krankheitsbedingten Arbeitsunfähigkeit gemäß § 4 EFZG gekürzt werden. Für Zeiten, in denen das Arbeitsverhältnis aus rechtlichen oder tatsächlichen Gründen ruht, besteht kein Anspruch auf freiwillige Sonderzahlungen.

§ 3 Probezeit, Dauer,
Beendigung des Arbeitsverhältnisses

(1) Das Arbeitsverhältnis beginnt am 00.00.00. Die ordentliche Kündigung vor Arbeitsantritt ist ausgeschlossen.

(2) Die ersten drei Monate gelten als Probezeit. Innerhalb der Probezeit kann das Beschäftigungsverhältnis von beiden Seiten mit einer Kündigungsfrist von zwei Wochen/zwei Wochen zum Monatsende gekündigt werden.

Die gesetzliche Kündigungsfrist während der Probezeit beträgt zwei Wochen zu jedem beliebigen Termin. Die Vertragsparteien können aber einen abweichenden Kündigungstermin – z. B. Monatsende – und auch eine längere Kündigungsfrist innerhalb der Probezeit vereinbaren.

> (3) Das Arbeitsverhältnis wird befristet für die Dauer der Abwesenheit des Arbeitnehmers ... (Vorname und Nachname des zu vertretenden Mitarbeiters) infolge krankheitsbedingter Arbeitsunfähigkeit. Es endet daher, ohne dass es einer Kündigung bedarf, vier Wochen nachdem der Arbeitgeber den Mitarbeiter/die Mitarbeiterin über die Rückkehr des vertretenen Arbeitnehmers ... (Vorname und Nachname des zu vertretenden Mitarbeiters) auf dessen Arbeitsplatz schriftlich informiert hat. Der Vertretungsfall und damit das befristete Arbeitsverhältnis enden unabhängig von der Rückkehr des vertretenen Arbeitnehmers spätestens am 00.00.00.

Hier sind Zweck- und Zeitbefristung kombiniert. Es kann aber auch eine reine Zweckbefristung vereinbart werden. In diesem Fall fällt der letzte Satz dieses Absatzes weg. Das Arbeitsverhältnis endet dann vier Wochen nach entsprechender Mitteilung des Arbeitgebers über die Rückkehr des vertretenen Arbeitnehmers auf seinen Arbeitsplatz.

> (4) Insbesondere im Hinblick auf ein etwaiges vorzeitiges Bedarfsende ist während des Bestehens des Beschäftigungsverhältnisses beiderseits eine ordentliche Kündigung mit einer Frist von vier Wochen zum Monatsende zulässig.

Befristungen bei sachlichem Grund

Befristete Arbeitsverhältnisse sind ordentlich nur kündbar, wenn das Kündigungsrecht ausdrücklich vereinbart wurde. Die gesetzliche Mindestkündigungsfrist nach Ablauf der Probezeit beträgt vier Wochen zum 15. oder zum Ende eines Kalendermonats. Die Vertragsparteien können aber auch hiervon abweichende Kündigungsfristen oder Kündigungstermine vereinbaren. Die Mindestkündigungsfrist von vier Wochen muss aber auf jeden Fall eingehalten werden.

§ 4 Arbeitszeit

(1) Die wöchentliche Arbeitszeit beträgt ... Stunden. Beginn und Ende der täglichen Arbeitszeit und der Pausen richten sich nach der Betriebsvereinbarung vom 00.00.00.

Die Vertragsparteien können hier auch die tägliche Arbeitszeit genau festlegen. Dies ist meist der Fall, wenn es keine Betriebsvereinbarung über die Arbeitszeit gibt.

(2) Der Mitarbeiter/Die Mitarbeiterin ist verpflichtet, erforderliche Mehrarbeit im Rahmen der gesetzlichen Bestimmungen zu leisten. Überstunden werden mit der vereinbarten Grundvergütung/mit der vereinbarten Grundvergütung zuzüglich eines Zuschlags von ... % vergütet. Über die gesetzliche Höchstarbeitszeit hinausgehende Arbeitsstunden werden in Form von Freizeit abgegolten.

Findet auf das Arbeitsverhältnis ein Tarifvertrag Anwendung, so kann dieser Regelungen zu Anordnung, Ableistung und Vergütung von Überstunden enthalten. Diese tariflichen Regelungen gehen dann den gesetzlichen Regelungen vor.

INFORMATIONSANFORDERUNG

Schneller per Telefax 0211/680 20 82:

Ich interessiere mich speziell für folgende Themenbereiche:

- ○ Selbstmanagement, Motivation und Kommunikation
- ○ Privater Vermögensaufbau: Geld, Börse, Steuern
- ○ Vorsorge, Recht und Rat
- ○ Berufswahl/Berufsorientierung: Weiterbildung
- ○ Werben, Verkaufen, Multimedia
- ○ Junge Selbständigkeit

Diese Karte entnahm ich dem Buch..

Bitte schicken Sie Informationen an meine Privatadresse:

____
Name/Vorname

____
Straße

____
PLZ, Ort

____
Telefon/Telefax

oder an meine Firmenadresse/Dienststelle:

____
Firma

____
Name/Vorname

____
Abteilung/Position

____
Straße

____
PLZ, Ort

____
Telefon/Telefax

Wir speichern Ihre Daten elektronisch.
Keine Weitergabe, kein Verkauf.

Lester C. Thurow
Die Reichtums Pyramide
300 Seiten
fest gebunden mit Schutzumschlag
ISBN 3-89623-176-6
DM 78,-
ÖS 569,00 / SFr 71,00

„Thurows Analyse der Weltwirtschaft ist erfrischend, hervorragend dargelegt und provokativ.“ *The New York Times*

Besuchen Sie uns im Internet: www.metropolitan.de

Telefon: 0211 / 680 42 13
e-mail: metropolitan@walhalla.de

Chlorfrei gebleichtes Papier

Bitte freimachen

Antwortkarte

Metropolitan Verlag
Walhalla Fachverlag
Fit for Business

Uhlandstraße 44
D-40237 Düsseldorf

§ 5 Dienstverhinderung

(1) Der Mitarbeiter/Die Mitarbeiterin ist verpflichtet, dem Arbeitgeber jede Dienstverhinderung und ihre voraussichtliche Dauer unverzüglich anzuzeigen. Auf Verlangen sind die Gründe mitzuteilen.

(2) Im Falle der Erkrankung ist der Mitarbeiter/die Mitarbeiterin verpflichtet, vor Ablauf des dritten Kalendertages nach Beginn der Arbeitsunfähigkeit eine ärztliche Bescheinigung über die Arbeitsunfähigkeit sowie deren voraussichtliche Dauer vorzulegen. Dauert die Arbeitsunfähigkeit länger als in der Bescheinigung angegeben, so ist der Mitarbeiter/die Mitarbeiterin verpflichtet, innerhalb von drei Kalendertagen eine neue ärztliche Bescheinigung vorzulegen.

(3) Der Mitarbeiter/Die Mitarbeiterin ist verpflichtet, dem Arbeitgeber unverzüglich eine Bescheinigung über die Bewilligung einer Kur oder eines Heilverfahrens vorzulegen und den Zeitpunkt des Antritts mitzuteilen. Die Bescheinigung über die Bewilligung muss Angaben über die voraussichtliche Dauer der Kur oder des Heilverfahrens enthalten. Dauert die Kur oder das Heilverfahren länger als in der Bescheinigung angegeben, so ist der Mitarbeiter/die Mitarbeiterin verpflichtet, dem Arbeitgeber unverzüglich eine weitere entsprechende Bescheinigung vorzulegen.

Diese Vorschriften entsprechen den gesetzlichen Regelungen des Entgeltfortzahlungsgesetzes. Die Vertragsparteien können aber auch vereinbaren, dass das ärztliche Attest bereits ab dem ersten Krankheitstag vorgelegt werden muss.

§ 6 Urlaub

(1) Der Mitarbeiter/Die Mitarbeiterin erhält kalenderjährlich einen Erholungsurlaub von ... Arbeitstagen. Im Jahr des Beginns und der Beendigung des Arbeitsverhältnisses hat der Mitarbeiter/die Mitarbeiterin pro vollem Beschäftigungsmonat Anspruch auf 1/12 des vereinbarten Jahresurlaubs.

(2) Der Urlaub wird in Abstimmung mit dem Leiter des Bereiches ... festgelegt.

(3) Der Urlaub ist im laufenden Kalenderjahr zu nehmen. Nicht genommener Urlaub wird nach den gesetzlichen Vorschriften auf das folgende Kalenderjahr übertragen. Der übertragene Urlaub ist bis einschließlich 31.03. des Folgejahres zu nehmen. Bis zum Ablauf des 31.03. nicht genommener Altjahresurlaub verfällt in jedem Fall ersatzlos.

§ 7 Geheimhaltungspflicht,
Rückgabe von Unterlagen

(1) Der Mitarbeiter/Die Mitarbeiterin verpflichtet sich, während des Bestehens des Arbeitsverhältnisses und auch nach dessen Beendigung über alle ihm/ihr bekannt werdenden betrieblichen Angelegenheiten Stillschweigen zu bewahren. Dies gilt insbesondere für Betriebs- und Geschäftsgeheimnisse.

(2) Der Mitarbeiter/Die Mitarbeiterin verpflichtet sich, alle bei Vertragsbeendigung in seinem Besitz befindlichen Unterlagen unaufgefordert an den Leiter des Bereiches ... zurückzugeben.

§ 8 Schlussbestimmungen

(1) Mündliche Nebenabreden bestehen nicht.

(2) Abänderungen und Ergänzungen dieses Vertrages bedürfen der Schriftform. Auf das Schriftformerfordernis kann nur durch schriftliche Erklärung beider Vertragsparteien verzichtet werden.

(3) Die Unwirksamkeit einer Bestimmung dieses Vertrages berührt die Wirksamkeit der übrigen Bestimmungen nicht. Die Parteien verpflichten sich, für die unwirksame Regelung eine dieser im wirtschaftlichen Ergebnis nahekommende wirksame Regelung alsbald zu vereinbaren.

(4) Der Mitarbeiter/Die Mitarbeiterin erklärt ausdrücklich, dass Umstände, die ihn/sie in absehbarer Zeit daran hindern könnten, seine/ihre Verpflichtungen aus diesem Arbeitsvertrag voll zu erfüllen, im Zeitpunkt des Vertragsabschlusses nicht vorliegen.

(5) Ansprüche aus dem Arbeitsverhältnis sind binnen einer Ausschlussfrist von drei Monaten nach Fälligkeit gegenüber dem Arbeitgeber schriftlich geltend zu machen. Nicht rechtzeitig geltend gemachte Ansprüche verfallen.

Derartige Verfallklauseln sind zulässig. Sie sollen sicherstellen, dass nach Ablauf der Verfallfrist beide Seiten nicht mehr mit Ansprüchen der Gegenseite rechnen müssen.

Ort, Datum

Arbeitgeber   Mitarbeiter/Mitarbeiterin

Zeitbefristeter Arbeitsvertrag (Mutterschutz- und Erziehungsurlaub; Antrag auf Erziehungsurlaub gestellt)

Befristeter Arbeitsvertrag für Mutterschutz, Erziehungsurlaub und Einarbeitung

Zwischen

Firma ..., vollständige Anschrift ...

– im Folgenden Arbeitgeber genannt –

und

Herrn/Frau ..., geboren am ..., in ..., vollständige Anschrift ...

– im Folgenden Mitarbeiter/ Mitarbeiterin genannt –

wird folgender befristeter Arbeitsvertrag abgeschlossen:

§ 1 Beginn, Dauer, Beendigung des Arbeitsverhältnisses

(1) Der Mitarbeiter/Die Mitarbeiterin nimmt am 00.00.00 die Tätigkeit als ... (es genügt die Angabe der allgemeinen Berufs- oder Tätigkeitsbezeichnung) im Bereich ... (Angabe der Abteilung oder des Betriebs) als Vertretung für

Frau ... (Vor- und Nachname der zu vertretenden Mitarbeiterin) auf.

Zu den Aufgaben des Mitarbeiters/der Mitarbeiterin zählen insbesondere:

...

...

...

Auf jeden Fall auszuführende Arbeiten oder Aufgaben, die über das allgemeine Tätigkeitsbild hinausgehen, sollten hier erwähnt werden.

(2) Arbeitsort ist der Sitz des Arbeitgebers.

(3) Das Arbeitsverhältnis wird nach § 21 Bundeserziehungsgeldgesetz befristet für die Dauer der Abwesenheit von Frau ... (Vor- und Zuname der zu vertretenden Mitarbeiterin) infolge der Mutterschutzfrist und des anschließenden Erziehungsurlaubs sowie für die Dauer der erforderlichen Einarbeitung. Es endet, ohne dass es einer Kündigung bedarf, am Ende des Erziehungsurlaubs, am 00.00.00, von Frau ... (Vor- und Zuname der zu vertretenden Mitarbeiterin).

(4) Insbesondere im Hinblick auf ein etwaiges vorzeitiges Bedarfsende ist darüber hinaus beiderseits eine ordentliche Kündigung mit den gesetzlichen Kündigungsfristen zulässig.

(5) Auf das Sonderkündigungsrecht gemäß § 21 Absatz 4 BErzGG wird ausdrücklich hingewiesen. Danach kann der Arbeitgeber bei vorzeitiger Beendigung des Er-

ziehungsurlaubs ohne sein Einverständnis das mit der Vertretungskraft geschlossene Arbeitsverhältnis mit einer Frist von drei Wochen kündigen. Das Kündigungsschutzgesetz findet in diesem Fall keine Anwendung.

(6) Eine stillschweigende Verlängerung des Arbeitsverhältnisses nach § 625 BGB ist ausdrücklich ausgeschlossen.

Fehlt diese Bestimmung, kann ein befristetes Arbeitsverhältnis nach Ablauf der Befristung durch bloße geduldete oder nicht bemerkte Weiterarbeit des Arbeitnehmers verlängert werden.

§ 2 Arbeitszeit

Die vereinbarte Arbeitszeit beträgt ... Stunden wöchentlich. Die Arbeitszeit verteilt sich in der Regel auf die Tage Montag bis Freitag. Der Mitarbeiter/Die Mitarbeiterin arbeitet an diesen Tagen jeweils ... Stunden.

Der Mitarbeiter/Die Mitarbeiterin erklärt sich bereit, im Bedarfsfall darüber hinaus nach Absprache auch länger zur Verfügung zu stehen.

§ 3 Vergütung

Der Mitarbeiter/Die Mitarbeiterin erhält eine Vergütung in Höhe von DM ... brutto pro Stunde. Über die vereinbarte regelmäßige Arbeitszeit hinausgehende Arbeitsstunden werden mit der vereinbarten Grundvergütung bezahlt. Sonderzahlungen werden nicht gewährt.

§ 4 Urlaub

Der Urlaub des Mitarbeiters/der Mitarbeiterin richtet sich nach dem Bundesurlaubsgesetz. Im Jahr des Eintritts und der Beendigung des Arbeitsverhältnisses hat der Mitarbeiter/die Mitarbeiterin für jeden vollen Beschäftigungsmonat Anspruch auf 1/12 des vereinbarten Jahresurlaubs.

Der Urlaubsanspruch nach dem Bundesurlaubsgesetz beträgt 24 Werktage. Dies entspricht bei einer Fünftagewoche 20 Arbeitstagen, also vier Wochen.

§ 5 Schweigepflicht

Der Mitarbeiter/Die Mitarbeiterin verpflichtet sich, über alle ihm/ihr bekannt werdenden betrieblichen Angelegenheiten Stillschweigen zu bewahren. Diese Verpflichtung gilt auch nach Beendigung des Arbeitsverhältnisses.

§ 6 Anwendbares Recht

Es gelten die gesetzlichen Bestimmungen sowie die Arbeitsordnung des Betriebes, die dem Mitarbeiter/der Mitarbeiterin ausgehändigt worden ist.

Diese Regelung hat lediglich klarstellende Bedeutung. Die gesetzlichen Regelungen finden auf jedes Arbeitsverhältnis Anwendung. Darüber hinaus sind die einzelvertraglichen Regelungen und – sofern die Voraussetzungen vorliegen – tarifvertragliche Regelungen maßgebend. Einzelvertragliche und tarifvertragliche Regelungen gehen dabei den gesetzlichen Regelungen vor, wenn sie für den Arbeitnehmer günstiger sind.

§ 7 Schlussbestimmungen

(1) Mündliche Nebenabreden bestehen nicht.

(2) Abänderungen und Ergänzungen des Vertrages bedürfen zu ihrer Wirksamkeit der Schriftform. Auf das Erfordernis der Schriftform kann nur schriftlich verzichtet werden.

(3) Die Unwirksamkeit einer Bestimmung dieses Vertrages soll die Wirksamkeit der übrigen Bestimmungen nicht berühren.

Ort, Datum

Arbeitgeber Mitarbeiter/Mitarbeiterin

Befristeter Arbeitsvertrag für Mutterschutz, Erziehungsurlaub und Einarbeitung (Antrag auf Erziehungsurlaub noch nicht gestellt)

Zwischen

Firma ..., vollständige Anschrift ...

- im Folgenden Arbeitgeber genannt -

und

Herrn/Frau ..., geboren am ..., in ...,
Anschrift ...

- im Folgenden Mitarbeiter/
Mitarbeiterin genannt -

wird folgender befristeter Arbeitsvertrag geschlossen:

§ 1 Beginn, Dauer, Beendigung
des Arbeitsverhältnisses

(1) Der Mitarbeiter/Die Mitarbeiterin nimmt am 00.00.00 die Tätigkeit als ... (es genügt die Angabe der allgemeinen Berufs- oder Tätigkeitsbezeichnung) im Bereich ... (Angabe der Abteilung oder des Betriebs) als Vertretung für Frau ... (Vor- und Nachname der zu vertretenden Mitarbeiterin) auf.

Zu den Aufgaben des Mitarbeiters/der Mitarbeiterin zählen insbesondere:

...

...

...

Auf jeden Fall auszuführende Arbeiten oder Aufgaben, die über das allgemeine Tätigkeitsbild hinausgehen, sollten hier erwähnt werden.

(2) Arbeitsort ist der Sitz des Arbeitgebers.

Hier kann auch ein vom Sitz des Arbeitgebers abweichender Beschäftigungsort geregelt sein, z. B. bei Filialbetrieben. In diesen Fällen heißt es dann z. B.: Der Arbeitnehmer wird in der Filiale Meyerstraße eingesetzt.

(3) Das Arbeitsverhältnis wird nach § 21 Bundeserziehungsgeldgesetz befristet für die Dauer der Abwesenheit von Frau ... (Vor- und Zuname der zu vertretenden Arbeitnehmerin) infolge der Mutterschutzfrist und des anschließenden Erziehungsurlaubes sowie für die Dauer der erforderlichen Einarbeitung. Es endet, ohne dass es einer Kündigung bedarf, spätestens mit dem Ende des Erziehungsurlaubes von Frau ... (Vor- und Zuname der zu vertretenden Arbeitnehmerin), voraussichtlich also am 00.00.00 (... Monate nach dem voraussichtlichen Entbindungstermin lt. des Attestes von Dr. ... vom 00.00.00). Das genaue Beendigungsdatum wird dem Mitarbeiter mitgeteilt, sobald die Geburtsanzeige von Frau ... (Vor- und Zuname der zu vertretenden Arbeitnehmerin) vorliegt.

Sollte das Kind erst nach dem voraussichtlichen Geburtstermin zur Welt kommen, verlängert sich dieser befristete Arbeitsvertrag um den Zeitraum zwischen dem errechneten und dem tatsächlichen Geburtstermin.

(4) Insbesondere im Hinblick auf ein etwaiges vorzeitiges Bedarfsende ist darüber hinaus beiderseits

eine ordentliche Kündigung mit den gesetzlichen Kündigungsfristen zulässig.

(5) Auf das Sonderkündigungsrecht gemäß § 21 Absatz 4 BErzGG wird ausdrücklich hingewiesen. Danach kann der Arbeitgeber bei vorzeitiger Beendigung des Erziehungsurlaubs ohne sein Einverständnis das mit der Vertretungskraft geschlossene Arbeitsverhältnis mit einer Frist von drei Wochen kündigen. Das Kündigungsschutzgesetz findet in diesem Fall keine Anwendung.

(6) Eine stillschweigende Verlängerung des Arbeitsverhältnisses nach § 625 BGB ist ausdrücklich ausgeschlossen.

Fehlt diese Bestimmung, kann ein befristetes Arbeitsverhältnis nach Ablauf der Befristung durch bloße geduldete oder nicht bemerkte Weiterarbeit des Arbeitnehmers verlängert werden.

§ 2 Arbeitszeit

Die vereinbarte Arbeitszeit beträgt 20 Stunden wöchentlich. Die Arbeitszeit verteilt sich in der Regel auf die Tage Montag bis Freitag. Der Mitarbeiter/Die Mitarbeiterin arbeitet an diesen Tagen jeweils vier Stunden, möglichst in der Zeit von 8.30 Uhr bis 12.30 Uhr. Der Mitarbeiter/Die Mitarbeiterin erklärt sich bereit, im Bedarfsfall darüber hinaus nach Absprache auch länger zur Verfügung zu stehen.

§ 3 Vergütung

Der Mitarbeiter/Die Mitarbeitern erhält eine Vergütung in Höhe von DM ... brutto pro Stunde. Über die vereinbarte regelmäßige Arbeitszeit hinausgehende Arbeitsstunden werden mit der vereinbarten Grundvergütung bezahlt.

Sonderzahlungen werden nicht gewährt.

§ 4 Urlaub

Der Urlaub des Mitarbeiters/der Mitarbeiterin richtet sich nach dem Bundesurlaubsgesetz. Im Jahr des Eintritts und der Beendigung des Arbeitsverhältnisses hat der Mitarbeiter für jeden vollen Beschäftigungsmonat Anspruch auf 1/12 des vereinbarten Jahresurlaubes.

§ 5 Schweigepflicht

Der Mitarbeiter/Die Mitarbeiterin verpflichtet sich, über alle ihm/ihr bekannt werdenden betrieblichen Angelegenheiten Stillschweigen zu bewahren. Diese Verpflichtung gilt auch nach Beendigung des Arbeitsverhältnisses.

§ 6 Anwendbares Recht

Es gelten die gesetzlichen Bestimmungen sowie die Arbeitsordnung des Betriebes, die dem Mitarbeiter/der Mitarbeiterin ausgehändigt worden ist.

§ 7 Schlussbestimmungen

(1) Mündliche Nebenabreden bestehen nicht.

(2) Abänderungen und Ergänzungen des Vertrages bedürfen zu ihrer Wirksamkeit der Schriftform. Auf das Erfordernis der Schriftform kann nur schriftlich verzichtet werden.

(3) Die Unwirksamkeit einer Bestimmung dieses Vertrages soll die Wirksamkeit der übrigen Bestimmungen nicht berühren.

Ort, Datum

Arbeitgeber Mitarbeiter/Mitarbeiterin

Anerkannte sachliche Befristungsgründe

3

Allgemeines

Im Folgenden werden Befristungsgründe vorgestellt und erläutert, die von der Rechtsprechung, insbesondere vom Bundesarbeitsgericht, bereits als sachlich gerechtfertigt anerkannt wurden.

Praxis-Tipp:

Tarifverträge können regeln, welche Gründe den Abschluss eines befristeten Arbeitsvertrags rechtfertigen. Stützt sich der befristete Arbeitsvertrag auf eine derartige tarifvertragliche Regelung, ist dies ein Indiz für das Vorliegen eines sachlichen Grundes. Gleichwohl kann ein Arbeitsgericht den befristeten Arbeitsvertrag für sachlich nicht gerechtfertigt erklären, wenn es der Ansicht ist, die entsprechende tarifvertragliche Regelung kann keine Anwendung finden oder ist unwirksam.

ABM-Maßnahme

Beispiel:

Arbeitnehmer Klein wird der Gemeinde G im Rahmen einer ABM-Maßnahme als Gemeindediener zugewiesen. Die Gemeinde G möchte den Arbeitsvertrag befristet abschließen, um nach Abschluss der ABM-Maßnahme keine weiteren laufenden Personalkosten tragen zu müssen.

Das Bundesarbeitsgericht hat bereits 1987 entschieden, dass die bestandskräftige Zuweisung eines Arbeitnehmers im Rahmen einer Arbeitsbeschaffungsmaßnahme nach den Vorschriften des Dritten Buches Sozialgesetzbuch (SGB III) einen sachlichen Grund bildet, der den Abschluss eines befristeten Arbeitsvertrags rechtfertigt. Der Arbeitsvertrag darf auf die Dauer der Zuweisung befristet werden.

Praxis-Tipp:

Die Bewilligung eines Einarbeitungszuschusses nach den Vorschriften des SGB III ist von der Rechtsprechung nicht als sachlicher Grund zur Rechtfertigung eines befristeten Arbeitsvertrags anerkannt worden.

Altersgrenze

Regelmäßig stellt das Erreichen einer bestimmten Altersgrenze, z. B. des gesetzlichen Rentenalters, keinen Grund für ein automatisches Beenden des Arbeitsverhältnisses dar. Allerdings kann dies einzelvertraglich oder durch tarifvertragliche Regelungen oder eine Betriebsvereinbarung festgelegt sein.

Einzelvertraglich muss die Befristung bis zum Erreichen der Altersgrenze oder einer bestimmten Altersgrenze ausdrücklich vereinbart werden. Die entsprechende Vereinbarung ist erst wirksam, wenn sie nach § 41 Abs. 4 Sechstes Buch Sozialgesetzbuch (SGB VI) innerhalb der letzten drei Jahre vor diesem Zeitpunkt abgeschlossen oder von dem Arbeitnehmer bestätigt worden ist. Erst dann kann das Arbeitsverhältnis wegen Bezugs einer Rente vor dem 65. Lebensjahr enden.

Wichtig: Ist die entsprechende Vereinbarung früher geschlossen oder bestätigt der Arbeitnehmer die getroffene Vereinbarung nicht innerhalb der letzten drei Jahre vor Rentenbezug, so endet das Arbeitsverhältnis erst mit Erreichen des 65. Lebensjahres.

Musterformulierungen

Eine entsprechende Vereinbarung kann z. B. so formuliert werden:

- Das Arbeitsverhältnis endet, ohne dass es hierzu einer Kündigung bedarf, mit Ablauf des Monats, in dem der Mitarbeiter das 65. Lebensjahr vollendet hat.
- Das Arbeitsverhältnis endet, ohne dass es hierzu einer Kündigung bedarf, mit Ablauf des Monats, in dem der Mitarbeiter das 65. Lebensjahr vollendet hat, sofern der Mitarbeiter zu diesem Zeitpunkt eine gesetzliche Altersrente beanspruchen kann.
- Das Arbeitsverhältnis endet, ohne dass es hierzu einer Kündigung bedarf, mit Ablauf des Monats, in dem der Mitarbeiter eine gesetzliche Altersrente bezieht.

Aushilfstätigkeiten

Folgendes Beispiel macht klar, was als Befristungsgrund anerkannt wird.

Beispiel:

Unternehmen A, das sich auf den Straßenbau spezialisiert hat, erhält im Jahr 2000 mehrere Straßenerneuerungsaufträge, die in den Jahren 2000 bis 2002 ausgeführt werden müssen. Damit die Arbeiten termingerecht erbracht werden können, will Unternehmer A sein Personal um fünf Arbeitnehmer aufstocken. Bei der Einstellung der Arbeitnehmer muss Unternehmer A davon ausgehen, dass 2001 oder 2002 keine neuen Straßenbauaufträge mehr kommen, weil in seinem Geschäftsbereich mit Erfüllung der bereits erteilten Aufträge alle neuen und erneuerungsbedürftigen Straßen gebaut sind. Unternehmer A geht bei der Einstellung daher davon aus, dass er die neuen Mitarbeiter nur auf Zeit benötigt.

Grundsätzlich ist ein vorübergehender Arbeitskräftebedarf ein Grund, der die Befristung eines Arbeitsvertrags sachlich rechtfertigen kann. Der Grund „vorübergehender Arbeitskräftebedarf" wird allerdings nur dann als sachlicher Grund anerkannt, wenn im Zeitpunkt des Abschlusses des befristeten Arbeitsvertrags aufgrund nachvollziehbarer Tatsachen mit einiger Sicherheit zu erwarten ist, dass die Arbeitskraft in absehbarer Zeit nicht mehr benötigt wird. Die Prognose, die der Arbeitgeber im Zeitpunkt der Einstellung hinsichtlich des Arbeitskräftebedarfs sowie seiner zukünftigen Verminderung vornimmt, muss daher nachprüfbar sein.

Berufsausbildung

Für die Befristung von Berufsausbildungsverhältnissen enthält § 14 Berufsbildungsgesetz (BBiG) den sachlichen Grund. Nach dieser Vorschrift sind Berufsausbildungsverträge für die Dauer der Ausbildung zu befristen.

Wichtig: Unabhängig von dem bei Abschluss des Vertrages in Abhängigkeit von der Dauer der Ausbildungsdauer errechneten Enddatum für das Ende des Berufsausbildungsverhältnisses, endet aufgrund gesetzlicher Bestimmung jedes Ausbildungsverhältnis vor Ablauf der vereinbarten Befristung, wenn der Auszubildende seine Abschlussprüfung besteht.

§ 14 BBiG

(1) Das Berufsausbildungsverhältnis endet mit dem Ablauf der Ausbildungszeit.

(2) Besteht der Auszubildende vor Ablauf der Ausbildungszeit die Abschlussprüfung, so endet das Berufsausbildungsverhältnis mit Bestehen der Abschlussprüfung.

(3) Besteht der Auszubildende die Abschlussprüfung nicht, so verlängert sich das Berufsausbildungsverhältnis auf sein Verlangen bis zu nächstmöglichen Wiederholungsprüfung, höchstens um ein Jahr.

Verlängerung auf Betreiben des Auszubildenden

Das Berufsbildungsgesetz ist die einzige gesetzliche Vorschrift, die es dem Arbeitnehmer – dem Auszubildenden – ermöglicht, seinerseits das Arbeitsverhältnis über die vereinbarte Befristung hinaus zu verlängern. Während ansonsten eine Verlängerung eines befristeten Arbeitsverhältnisses von der Zustimmung des Arbeitgebers abhängig ist, kann ein Berufsausbildungsverhältnis durch bloßes Verlangen des nicht erfolgreichen Auszubildenden verlängert werden.

Der Arbeitgeber kann die vom Auszubildenden verlangte Verlängerung des Ausbildungsverhältnisses nicht ablehnen, wenn die gesetzlichen Voraussetzungen für die Verlängerung erfüllt sind. Folgende Voraussetzungen müssen für eine Verlängerung des Berufsausbildungsvertrags nach § 14 Abs. 3 BBiG erfüllt sein.

Verlängerungsmöglichkeiten

- Der Auszubildende hat die (erste) Abschlussprüfung nicht bestanden.
- Es ist eine weitere (zweite) Abschlussprüfung = Wiederholungsprüfung möglich.

  Ist keine Wiederholungsprüfung mehr möglich, z. B. weil der Auszubildende bereits das zweite Mal durchgefallen ist, kann das Ausbildungsverhältnis nicht mehr einseitig auf Verlangen des Auszubildenden verlängert werden.
- Der Auszubildende muss die Fortsetzung des Ausbildungsverhältnisses bis zur nächsten Abschlussprüfung verlangen.

  Verlangt der Auszubildende trotz Nichtbestehens der Abschlussprüfung keine Verlängerung des Berufsausbildungsvertrags, endet das Berufsausbildungsverhältnis zum im Ausbildungsvertrag vereinbarten Termin.

Verlängerung um höchstens ein Jahr

Verlangt der Auszubildende die Verlängerung des Berufsausbildungsvertrags, weil er die Abschlussprüfung nicht bestanden hat, tritt die Verlängerung automatisch ein. Das Ende des Ausbildungsverhältnisses hängt vom Termin der Wiederholungsprüfung ab. Der Auszubildende muss sich zur nächstmöglichen Wiederholungsprüfung anmelden. Der Termin muss dem Arbeitgeber bekannt gegeben werden. Unabhängig von der Teilnahme und/oder dem Abschneiden des Auszubildenden an der Wiederholungsprüfung endet das Berufsausbildungsverhältnis mit Ablauf des Tages der Wiederholungsprüfung.

Achtung: Findet die nächste Wiederholungsprüfung nicht innerhalb eines Jahres statt, so verlängert sich der Ausbildungsvertrag höchstens um ein Jahr.

Beispiel:

Auszubildender Langsam hat einen Ausbildungsvertrag, der vereinbarungsgemäß am 31. 07. 2000 enden soll. Langsam ist für 03. 07. 2000 zur Abschlussprüfung angemeldet.

- Langsam nimmt an der Abschlussprüfung teil und besteht.

  Das Berufsausbildungsverhältnis endet mit Ablauf des 03. 07. 2000.

- Langsam nimmt an der Abschlussprüfung teil und besteht nicht. Am 04. 07. 2000 verlangt er die Fortsetzung des Ausbildungsverhältnisses. Die nächste Wiederholungsprüfung ist am 4. 12. 2000.

  Das Berufsausbildungsverhältnis endet nicht am 03. 07. 2000. Aufgrund des Verlangens von Langsam wird es bis zum 04. 12. 2000 verlängert. Mit Ablauf des 04. 12. 2000 endet es unabhängig vom Bestehen oder Nichtbestehen der Abschlussprüfung.

- Langsam nimmt an der Abschlussprüfung teil und besteht nicht. Am 04. 07. 2000 verlangt er die Fortsetzung des Ausbildungsverhältnisses. Die nächste Wiederholungsprüfung ist erst am 10. 07. 2001.

  Das Berufsausbildungsverhältnis endet nicht am 03. 07. 2000. Aufgrund des Verlangens von Langsam wird es verlängert. Es endet, da der nächste Termin für die Wiederholungsprüfung mehr als ein Jahr nach der ersten Abschlussprüfung liegt, ein Jahr nach dieser – also mit Ablauf des 03. 07. 2001.

- Langsam nimmt an der Abschlussprüfung teil und besteht nicht. Er verlangt keine Verlängerung des Ausbildungsverhältnisses.

  Das Ausbildungsverhältnis endet wegen des Nichtbestehens nicht am 03. 07. 2000. Da Langsam aber auch keine Weiterbeschäftigung verlangt, endet das Berufsausbildungsverhältnis zum vereinbarten Endtermin, also mit Ablauf des 31. 07. 2000.

Anschlussvertrag nach abgeschlossener Ausbildung

Hat der Auszubildende die Abschlussprüfung bestanden, soll er nach dem Willen des Gesetzgebers in ein unbefristetes Arbeitsverhältnis übernommen werden. Ist dies nicht möglich – z. B. weil der Arbeitgeber keinen freien Arbeitsplatz hat –, kommt grundsätzlich auch der Abschluss eines befristeten Arbeitsvertrags im Anschluss an die Ausbildung infrage.

Wichtig: Ein derartiger Vertrag ist nach der Rechtsprechung allerdings nur dann gerechtfertigt, wenn dies aus sozialen Gründen geschieht, um dem Auszubildenden hierdurch bei der Überwindung von Übergangsschwierigkeiten zu helfen, und wenn die sozialen Belange des Arbeitnehmers und nicht die Interessen des Betriebs im Vordergrund gestanden haben.

Praxis-Tipp:

Der Arbeitgeber muss im Streit über die Zulässigkeit eines befristeten Anschlussvertrags nach abgeschlossener Ausbildung darlegen und beweisen, dass nicht Betriebsinteressen, sondern Arbeitnehmerinteressen Grund für die Befristung waren.

Betriebsschließung

Plant der Arbeitgeber, in absehbarer Zeit seinen Betrieb oder einen Betriebsteil zu schließen, so liegt hierin ein sachlicher Grund für den Abschluss eines befristeten Arbeitsvertrags, wenn der Arbeitgeber

- nicht nur den Aufgabebeschluss gefasst hat, sondern auch
- die Prognose stellen kann, dass eine Weiterbeschäftigung des befristet eingestellten Arbeitnehmres über den Schließungszeitpunkt hinaus in einem anderen Betriebsteil nicht möglich sein wird.

Erprobung des Arbeitnehmers

Praxis-Tipp:

Eine Probezeit muss immer ausdrücklich vereinbart werden. Es gibt – außer für Berufsausbildungsverhältnisse (§ 13 BBiG) – keine gesetzlichen Vorschriften, dass eine Probezeit in einem Arbeitsverhältnis zwingend ist.

Die Vereinbarung einer Probezeit ist mittlerweile in fast allen Arbeitsverhältnissen üblich. Hierbei unterscheidet man jedoch zwischen

- vorgeschalteter Probezeit und
- befristetem Probearbeitsvertrag.

Vorgeschaltete Probezeit

Bei der vorgeschalteten Probezeit vereinbaren die Arbeitsvertragsparteien einen unbefristeten Arbeitsvertrag. Die ersten Monate (in der Regel maximal sechs Monate) sollen dabei als Probezeit gelten. Wird das Arbeitsverhältnis von keiner der beiden Vertragspartner innerhalb der Probezeit gekündigt, läuft es über die vereinbarte Probezeit hinaus automatisch weiter. Keiner der beiden Vertragspartner muss also für die Fortsetzung des Arbeitsverhältnisses etwas tun.

Praxis-Tipp:

Bei der Vereinbarung einer vorgeschalteten Probezeit handelt es sich nicht um den Abschluss eines befristeten Arbeitsvertrags. Es muss daher weder für die Vereinbarung der Probezeit als solche noch für deren Dauer ein sachlicher Grund vorliegen. Mehr als sechs Monate Probezeit (mit der Folge längerer Kündigungsfristen) sind jedoch nur in seltenen Fällen möglich.

Befristeter Probearbeitsvertrag

Hier schliessen Arbeitgeber und Arbeitnehmer einen befristeten Arbeitsvertrag ab. Dieser hat den sachlichen Grund „Erprobung des Arbeitnehmers". Der Wunsch des Arbeitgebers, einen Mitarbeiter vor einer unbefristeten Einstellung zu erproben, rechtfertigt die Befristung eines Arbeitsverhältnisses.

Die Vereinbarung einer Probezeit berechtigt beide Vertragspartner, das Arbeitsverhältnis mit einer verkürzten Kündigungsfrist zu kündigen, sofern nichts anderes vereinbart ist. Das Gesetz (§ 622 Abs. 3 BGB) sieht während einer vereinbarten Probezeit eine Kündigungsfrist von zwei Wochen zu jedem beliebigen Termin vor.

Wichtig: Die Vertragsparteien können jedoch hiervon abweichende Vereinbarungen treffen, die gesetzliche Kündigungsfrist von zwei Wochen darf jedoch nicht unterschritten werden. Es handelt sich hierbei um eine Mindestkündigungsfrist.

Praxis-Tipp:

Die verkürzte Kündigungsfrist innerhalb der Probezeit gilt für maximal sechs Monate (§ 622 Abs. 3 BGB). Dauert die Probezeit im Einzelfall länger, gelten ab dem sechsten Monat die normalen Kündigungsfristen des § 622 Abs. 1 BGB. Beide Seiten müssen dann mit einer Frist von vier Wochen zum 15. oder Ende eines Monats kündigen.

Achtung: Eine über sechs Monate hinausgehende Probezeit hält die Rechtsprechung nur dann für zulässig, wenn es sich entweder um eine besonders hochqualifizierte Tätigkeit oder hierarchisch hoch angesiedelte Position handelt oder andere gravierende Gründe für eine Verlängerung über sechs Monate hinaus sprechen. Eine Verlängerung der Probezeit über sechs Monate hinaus ist z. B. für zulässig erachtet worden bei:

Ausnahmsweise Probezeitverlängerung

Eine Probezeitverlängerung ist nur möglich bei

- längerer Erkrankung des Arbeitnehmers innerhalb der Probezeit
- Erprobung der fachlichen und persönlichen Eignung eines Wissenschaftlers im Rahmen eines mehrjährigen Forschungsprojektes
- Mutterschutz innerhalb der Probezeit

Gerichtliche oder außergerichtliche Vergleiche

Folgendes Beispiel zeigt, wie ein gerichtlicher oder außergerichtlicher Vergleich funktioniert.

Beispiel:

Der Arbeitgeber hat Arbeitnehmer Klug betriebsbedingt gekündigt. Klug hat Kündigungsschutzklage erhoben und auf Weiterbeschäftigung geklagt. Im Laufe des Rechtsstreits findet Klug einen anderen neuen Arbeitsplatz, den er allerdings erst in vier Monaten antreten kann. Klug wäre bereit, die Kündigungsschutzklage zurückzunehmen, wenn der Arbeitgeber ihn bis zum Beginn des neuen Arbeitsverhältnisses weiterbeschäftigt.

In einer derartigen Situation kann im Rahmen des Kündigungsschutzrechtsstreits – aber auch außergerichtlich – zwischen Arbeitgeber und Arbeitnehmer in einem Vergleich vereinbart werden, dass der Arbeitnehmer über den Kündigungstermin hinaus befristet weiterbeschäftigt wird. Das Bundesarbeitsgericht hat eine Befristung im Rahmen eines gerichtlichen oder außergerichtlichen Vergleichs für zulässig erachtet.

Musterformulierungen

Im obigen Beispiel könnten Arbeitnehmer und Arbeitgeber z. B. folgenden Vergleich schließen:

Vergleich

(1) Die Parteien sind sich einig, dass das Arbeitsverhältnis durch Kündigung des Arbeitgebers zum 31.10.2000 beendet worden ist.

(2) Der Arbeitgeber verpflichtet sich, Arbeitnehmer Klug bis zum 31.12.2000 befristet zu den bisherigen Arbeitsbedingungen weiterzubeschäftigen, bis Klug zum 01.01.2000 seine neue Arbeitsstelle bei ... antritt.

(3) Die Parteien sind sich einig, dass das befristete Arbeitsverhältnis mit Ablauf des 31.12.2000 endet, ohne dass es hierzu einer Kündigung bedarf.

(4) Eine stillschweigende Verlängerung des Arbeitsverhältnisses ist ausgeschlossen.

(5) Arbeitnehmer Klug verpflichtet sich, die gegen die Kündigung vom 28.09.2000 zum 31.10.2000 erhobene Kündigungsschutzklage unverzüglich zurückzunehmen.

Praxis-Tipp:

Aus einem vor dem Gericht geschlossener Vergleich kann – im Gegensatz zu einem außergerichtlichen Vergleich – vollstreckt werden, wenn eine so genannte vollstreckbare Ausfertigung des Vergleichs erteilt wird.

Projekte

Eine zeitlich befristete Arbeitsaufgabe (Projekt) ist ein sachlicher Grund für die Befristung eines Arbeitsverhältnisses. Dieser Befristungsgrund rechtfertigt auch Befristungen von mehr als zwei Jahren Dauer außerhalb des Beschäftigungsförderungsgesetzes.

Das Projekt ist im Arbeitsvertrag genau zu bezeichnen, um im Streitfall beweisen zu können, dass die Arbeitsaufgabe tatsächlich in einer Zusatzaufgabe bestand und der Arbeitnehmer nicht eingestellt wurde, um z. B. Auftragsspitzen abzufangen. Die in Unternehmen üblichen Schwankungen in der Auftragslage rechtfertigen nach Ansicht der Gerichte keine befristeten Arbeitsverträge von längerer Dauer.

Krankheitsvertretung

Die Vertretung eines für einen längeren Zeitraum erkrankten Arbeitnehmers ist ein von der Rechtsprechung anerkannter sachlicher Grund für einen befristeten Arbeitsvertrag.

Beispiel:

Arbeitnehmer Pech ist schon seit mehr als sechs Wochen schwer erkrankt. Er teilt dem Arbeitgeber mit, dass nach Auskunft seines behandelnden Arztes noch mit einer krankheitsbedingten Arbeitsunfähigkeit von mindestens drei Monaten zu rechnen ist. Der Arbeitgeber entschließt sich darauf hin, einen Arbeitnehmer befristet zur Vertretung einzustellen.

Achtung: Die Problematik besteht bei derartigen Vertretungsverträgen in der Zeitdauer der gewählten Befristung, da in der Regel nicht mit Sicherheit im Voraus bestimmbar ist, zu welchem Zeitpunkt der zu vertretende erkrankte Arbeitnehmer seine Arbeit wieder aufnehmen kann.

Der Arbeitgeber hat in diesen Fällen ein Interesse daran, das befristete Arbeitsverhältnis schnellstmöglich zu beenden, sobald der vertretene Arbeitnehmer an seinen Arbeitsplatz zurückkehren kann. Der befristet eingestellte Arbeitnehmer hat dagegen ein Interesse daran, möglichst frühzeitig das voraussichtliche Ende des Arbeitsverhältnisses zu erfahren, um sich rechtzeitig nach einem anderen Arbeitsplatz umsehen zu können.

Vor diesem Hintergrund kann es bei einem befristeten Arbeitsvertrag zur Vertretung eines erkrankten Arbeitnehmers sinnvoll sein, eine Zweckbefristung mit einer Zeitbefristung zu kombinieren und den Arbeitgeber zu verpflichten, den befristet eingestellten Arbeitnehmer frühzeitig über das voraussichtliche Arbeitsvertragsende zu informieren. Eine reine Zeitbefristung kann für beide Seiten nachteilig sein, wenn die Krankheit des zu vertretenden Arbeitnehmers über das im befristeten Arbeitsvertrag bestimmte Enddatum hinaus fortdauert.

Mutterschutz und Erziehungsurlaub

Die Einstellung einer Vertretung für Zeiten des Mutterschutzes und/oder des Erziehungsurlaubs ist ein nach § 21 Bundeserziehungsgeldgesetz (BErzGG) sachlich rechtfertigender Grund für einen befristeten Arbeitsvertrag. § 21 BErzGG begrenzt die Dauer der Befristung auf:

- Zeiten der vor- und nachgeburtlichen Mutterschutzfristen (§ 21 Abs. 1 BErzGG) oder
- Zeiten des gesetzlichen, tarifvertraglichen oder einzelvertraglich vereinbarten Erziehungsurlaubs (§ 21 Abs. 1 BErzGG),
- darüber hinaus notwendige Einarbeitungszeiten (§ 21 Abs. 2 BErzGG).

Beispiel:

Arbeitnehmerin Froh geht ab 10.08.2000 in Mutterschutz. Im Anschluss an die Geburt ihres Kindes möchte sie zwölf Monate Erziehungsurlaub nehmen und anschließend auf ihren Arbeitsplatz zurückkehren. Der Arbeitgeber entschließt sich, eine Vertretung für Frau Froh befristet einzustellen. Er schließt mit Klein einen befristeten Arbeitsvertrag vom 10.07.2000 bis 30.09.2001.

Wichtig: Ein derartiger befristeter Arbeitsvertrag ist zulässig. Die Einarbeitungszeit wird in der Regel der Mutterschutzfrist vorgeschaltet, so dass die zu vertretende Arbeitnehmerin ihre Vertretung selbst einarbeiten kann.

Formvorschriften

Nach § 21 Abs. 3 BErzGG muss die Dauer der Befristung

- kalendermäßig bestimmt (reine Zeitbefristung)
- kalendermäßig bestimmbar (kombinierte Zeit- und Zweckbefristung) oder
- aus dem Vertretungszweck bestimmbar (reine Zweckbefristung)

sein. Das Ende des befristeten Arbeitsvertrags kann in Form einer Zweckbefristung, einer reinen Zeitbefristung oder in der Kombination aus Zeit- und Zweckbefristung bestehen. Bei einer reinen Zweckbefristung endet das befristete Arbeitsverhältnis mit der Rückkehr der zu vertretenden Mitarbeiterin. Deren Rückkehr ist von dem tatsächlichen Geburtstermin des Kindes, aber auch von der Dauer des gewünschten Erziehungsurlaubs abhängig. Die Vereinbarung einer reinen Zweckbefristung ist dann sinnvoll, wenn sich die schwangere Mitarbeiterin vor Beginn der Mutterschutzfristen noch nicht über ihre Absichten hinsichtlich des Erziehungsurlaubs geäußert hat.

Sonderkündigungsrecht

Nach § 21 Abs. 4 BErzGG kann das befristete Arbeitsverhältnis mit einer Sonderkündigungsfrist von drei Wochen gekündigt werden. Voraussetzung für die Ausübung dieses Sonderkündigungsrechts ist, dass

- der Erziehungsurlaub vorzeitig ohne Zustimmung des Arbeitgebers beendet wird (z. B. bei Tod des Säuglings innerhalb des Erziehungsurlaubs) und
- der/die vorzeitig zurückkehrende Arbeitnehmer/Arbeitnehmerin dem Arbeitgeber die vorzeitige Beendigung seines/ihres Erziehungsurlaubs mitgeteilt hat.

Die Kündigung kann der Arbeitgeber frühestens zum Ende des Erziehungsurlaubs des/der vorzeitig zurückkehrenden Arbeitnehmers/Arbeitnehmerin aussprechen.

Nach § 16 Abs. 3 BErzGG kann der Erziehungsurlaub normalerweise nur dann vorzeitig beendet werden, wenn der Arbeitgeber zustimmt. § 16 Abs. 4 BErzGG macht von dieser Bestimmung eine Ausnahme für den Fall, dass das Kind während des Erziehungsurlaubs stirbt. In diesem Fall endet der Erziehungsurlaub – vorzeitig und ohne Zustimmung des Arbeitgebers – drei Wochen nach dem Tod des Kindes.

Praxis-Tipp:

Das Sonderkündigungsrecht des § 21 Abs. 4 BErzGG kann vertraglich ausgeschlossen werden (§ 21 Abs. 6 BErzGG).

Saisonarbeit

In bestimmten Zeiträumen immer wieder auftretende Arbeiten werden als Saisonarbeiten bezeichnet. Typische Saisonarbeiten sind z. B. Inventur, Oster- und Weihnachtsverkauf, Sommer- oder Wintersaison im Bereich der Gastronomie- und Beherbergungsbetriebe.

Die Befristung eines Arbeitsvertrags für bestimmte Saisonarbeiten ist grundsätzlich sachlich gerechtfertigt. Sogar die wiederholte befristete Einstellung eines Arbeitnehmers kann nach der Rechtsprechung des Bundesarbeitsgerichts sachlich gerechtfertigt sein.

Beispiel:

Der Biergarten des Gasthauses Linde ist nur in den Monaten Mai bis September geöffnet. Zum Betrieb des Biergartens werden zwei Arbeitnehmer benötigt.

Der Gastwirt kann die beiden Arbeitnehmer befristet für die Zeit von Mai bis September einstellen. Er kann sie auch in der nächsten Sommersaison wieder befristet einstellen.

Praxis-Tipp:

Unter dem Gesichtspunkt des Vertrauensschutzes kann ein Saisonarbeitnehmer einen Anspruch auf Wiedereinstellung haben. Ein Vertrauenstatbestand, der einen Wiedereinstellungsanspruch begründen kann, liegt z. B. dann vor, wenn Jahr für Jahr alle Arbeitnehmer in der Saison wiedereingestellt werden, die dies verlangen, der Arbeitgeber den Beginn der Saison ohne Vorbehalt am schwarzen Brett bekannt gibt und sogar Arbeitnehmer neu einstellt.

Wehr- und Zivildienst

Für die Dauer des Wehr- und Zivildienstes darf eine Vertretung im Rahmen eines befristeten Arbeitsverhältnisses eingestellt werden. Die Dauer der zulässigen Befristung orientiert sich an der Dauer des Wehr- oder Zivildienstes zuzüglich einer angemessenen Einarbeitungszeit.

Praxis-Tipp:

Auch ein befristet eingestellter Arbeitnehmer kann zum Wehr- oder Zivildienst eingezogen werden. Nach § 1 Abs. 4 Arbeitsplatzschutzgesetz (ArbplSchG) endet das befristete Arbeitsverhältnis zum vertraglich vereinbarten Termin. Die Einberufung führt nicht zu einer Verlängerung des befristeten Arbeitsverhältnisses. Dasselbe gilt auch, wenn es sich um die Einberufung zu einer Wehrübung handelt.

Wunsch des Arbeitnehmers

Wünscht der Arbeitnehmer selbst, nur im Rahmen eines befristeten Arbeitsvertrags für einen bestimmten Zeitraum eingestellt zu werden, so liegt ein sachlich rechtfertigender Grund für die Befristung und die Befristungsdauer vor. Allerdings wird vorausgesetzt, dass der Arbeitnehmer bei Vertragsschluss in seiner Entscheidungsfreiheit nicht beeinträchtigt ist. Allein aus der Annahme eines Arbeitgeberangebots auf Abschluss eines befristeten Arbeitsvertrags schließt die Rechtsprechung noch nicht, dass die Befristung auf dem Wunsch des Arbeitnehmers beruht.

Beispiel:

Student Rasch möchte in den Semesterferien zwei Monate bei Arbeitgeber A arbeiten.

Er wird im Rahmen eines befristeten Arbeitsvertrags eingestellt. Das Enddatum des Arbeitsvertrags wird einvernehmlich vereinbart.

Wichtig: Der Wunsch des Arbeitnehmers wird als Befristungsgrund nur unter folgenden Voraussetzungen als sachlich rechtfertigend anerkannt:

- Es muss ein echter Wunsch des Arbeitnehmers vorliegen.
- Der Arbeitnehmer, und nicht der Arbeitgeber, muss den Abschluss des befristeten Arbeitsvertrags angestrebt haben.

Diese beiden Voraussetzungen sollten ihren Niederschlag auch im Vertrag finden. Zur Vermeidung von Streitigkeiten, ob ein ausdrücklicher Wunsch des Arbeitnehmers vorlag, sollte im Vertrag auch dargelegt werden, weshalb der Arbeitnehmer den Abschluss eines befristeten Arbeitsvertrags wünscht.

Studium

Das Bundesarbeitsgericht hat die Anforderungen an den Abschluss eines befristeten Arbeitsvertrags mit Studenten erhöht. Während früher Arbeitsverträge mit Studenten, die neben dem Studium arbeiteten, ohne Probleme semesterweise befristet und damit den sich immer ändernden Bedingungen des Studium angepasst werden konnten, lässt das Bundesarbeitsgericht dies nun nicht mehr als sachliche Rechtfertigung für befristete Arbeitsverträge gelten.

Die Befristung des Arbeitsverhältnisses mit einem Studenten kann danach nicht mit dessen Interesse gerechtfertigt werden, seine Arbeitsverpflichtung mit den Anforderungen des Studiums in Einklang zu bringen, wenn bereits die Kündigungsmöglichkeiten in einem unbefristeten Arbeitsverhältnis sowie Umfang und Lage der Arbeitszeit dem Interesse des Studenten ausreichend Rechnung tragen.

Arbeitsrechtliche Besonderheiten für Befristungen

4

Entgeltfortzahlung im Krankheitsfall

Auch im Rahmen eines befristeten Arbeitsvertrages eingestellte Arbeitnehmer haben grundsätzlich Anspruch auf Entgeltfortzahlung im Krankheitsfall nach dem Entgeltfortzahlungsgesetz (EFZG), sofern die folgenden Voraussetzungen erfüllt sind:

Anspruch auf Entgeltfortzahlung im Krankheitsfall

- Der Arbeitnehmer ist durch unverschuldete Krankheit an der Erbringung der Arbeitsleistung verhindert.
- Das Arbeitsverhältnis hat bereits vier Wochen ununterbrochen bestanden.

Sind diese Voraussetzungen gegeben, ist der Arbeitgeber verpflichtet, für die Dauer der Arbeitsunfähigkeit, längstens für die Dauer von sechs Wochen, das Arbeitsentgelt weiter zu zahlen.

Liegt die vereinbarte Beschäftigungsdauer unter vier Wochen und erkrankt der Arbeitnehmer in dieser Zeit, hat er keinen Anspruch auf Entgeltfortzahlung im Krankheitsfall.

Beispiel:

Arbeitnehmer Fiebig wurde für vier Wochen befristet eingestellt. In der dritten Beschäftigungswoche erkrankt er für drei Tage arbeitsunfähig.

Fiebig hat keinen Anspruch auf Entgeltfortzahlung für die Dauer seiner Erkrankung.

Liegt die vereinbarte Beschäftigungsdauer über vier Wochen und erkrankt der Arbeitnehmer in dieser Zeit, erhält er nach Ablauf der vier Wochen nach der neuesten Rechtsprechung des Bundesarbeitsgerichts Entgeltfortzahlung im Krankheitsfall vom ersten Tage an (obwohl der erste Tag der Erkrankung in dem Zeitraum liegt, in dem eigentlich noch kein Anspruch auf Entgeltfortzahlung besteht).

Beispiel:

Arbeitnehmer Moos wurde für zwölf Monate befristet eingestellt. In der dritten Arbeitswoche erkrankt er und ist für drei Wochen arbeitsunfähig.

In der dritten Arbeitswoche selbst hat Arbeitnehmer Moos noch keinen Anspruch auf Entgeltfortzahlung, weil das Arbeitsverhältnis zu diesem Zeitpunkt noch nicht vier Wochen ununterbrochen bestanden hat. Der Arbeitgeber kann insoweit die Entgeltfortzahlung verweigern und den Ablauf von vier Wochen abwarten. Besteht das Arbeitsverhältnis nach Ablauf der ersten vier Wochen weiter, muss er allerdings – nach der Rechtsprechung des Bundesarbeitsgerichts – Entgeltfortzahlung für die Dauer der Arbeitsunfähigkeit (längstens sechs Wochen) ab dem ersten Krankheitstag leisten.

Die Anzeige- und Nachweispflichten des Entgeltfortzahlungsgesetzes gelten auch für befristet eingestellte Arbeitnehmer – unabhängig von der Dauer der vereinbarten Befristung. Nach § 5 EFZG ist die krankheitsbedingte Arbeitsunfähigkeit unverzüglich anzuzeigen und die voraussichtliche Dauer mitzuteilen. Dauert die krankheitsbedingte Arbeitsunfähigkeit länger als drei Kalendertage, ist durch ein ärztliches Attest das Bestehen der Arbeitsunfähigkeit nachzuweisen und die voraussichtliche Dauer anzugeben. Besteht die Arbeitsunfähigkeit länger als in dem Attest angegeben, muss ein Folgeattest vorgelegt werden.

Praxis-Tipp:

Im Arbeitsvertrag können andere Zeiträume für die Nachweispflicht vereinbart werden. Diese einzelvertraglichen Regelungen gehen dann den gesetzlichen Vorschriften vor, weil es dem Arbeitgeber in § 5 EFZG ausdrücklich gestattet worden ist, die Vorlage des ärztlichen Attestes auch früher zu verlangen.

Zurückbehaltungsrecht

Der Arbeitgeber kann die Entgeltfortzahlung verweigern, wenn und solange der Arbeitnehmer keinen Nachweis der Krankheit erbringt (z. B. durch ärztliches Attest). Führt der Arbeitnehmer den Nachweis, muss der Arbeitgeber die einbehaltene Vergütung nachzahlen.

Erkrankung über Arbeitsvertragsende

Der Anspruch auf Entgeltfortzahlung im Krankheitsfall endet grundsätzlich mit dem Ende der Arbeitsunfähigkeit, längstens jedoch nach sechs Wochen. Endet das befristete Arbeitsverhältnis aufgrund der vereinbarten Befristung innerhalb der Arbeitsunfähigkeit, so endet der Anspruch auf Entgeltfortzahlung im Krankheitsfall mit dem Ende des Arbeitsverhältnisses (§ 8 EFZG).

Beispiel:

Arbeitnehmer Anton ist seit 23. 04. 2000 erkrankt. Seine Erkrankung dauert voraussichtlich bis 15. 05. 2000. Gemäß Arbeitsvertrag endet das Arbeitsverhältnis am 30. 04. 2000.

Anton hat Anspruch auf Entgeltfortzahlung im Krankheitsfall ab dem 23.04.2000. Da das Arbeitsverhältnis am 30.04.2000 endet, erlischt mit Ablauf des 30.04.2000 auch die Entgeltfortzahlungspflicht des Arbeitgebers. Ab 01.05.2000 hat Anton möglicherweise Anspruch auf Krankengeld.

Auch die übrigen Bestimmungen des Entgeltfortzahlungsgesetzes finden auf befristete Arbeitsverhältnisse in vollem Umfang Anwendung. Wird der befristet eingestellte Arbeitnehmer z. B. bei einem Verkehrsunfall unverschuldet arbeitsunfähig verletzt, so gehen Schadenersatzansprüche des verletzten Arbeitnehmers gegen den Unfallverursacher nach § 6 EFZG auf den Arbeitgeber über.

Kündigung und Kündigungsschutz

Nach § 620 BGB endet ein Dienstverhältnis mit dem Ablauf der Zeit, für die es eingegangen ist. Da bei befristeten Arbeitsverhältnissen ein Enddatum entweder bestimmt ist (Zeitbefristung) oder bestimmbar ist (Zweckbefristung), greift § 620 Abs. 2 BGB, der von Gesetzes wegen ein Kündigungsrecht für die Vertragsparteien vorsieht, nicht ein. Dies bedeutet, dass befristete Arbeitsverträge grundsätzlich nicht kündbar sind.

Musterformulierung

Etwas anderes gilt nur, wenn Arbeitgeber und Arbeitnehmer im befristeten Arbeitsvertrag ausdrücklich vereinbaren, dass der Vertrag entgegen § 620 BGB kündbar sein soll. Das Recht zur Kündigung kann z. B. wie folgt vereinbart werden.

> Das Arbeitsverhältnis kann von beiden Seiten unter Einhaltung der gesetzlichen Kündigungsfristen gekündigt werden.

Kündigungsfristen

Haben die Arbeitsvertragsparteien keine Kündigungsfristen vereinbart, finden die gesetzlichen Kündigungsfristen Anwendung. Die gesetzliche Grundkündigungsfrist für Arbeitsverhältnisse beträgt nach § 622 Abs. 1 BGB vier Wochen zum 15. oder zum Ende eines Monats. Verlängerte Kündigungsfristen finden erste Anwendung, wenn das Arbeitsverhältnis mehr als zwei Jahre bestanden und der Arbeitnehmer das 25. Lebensjahr vollendet hat. Verlängerte Kündigungsfristen kommen daher nur in befristeten Arbeitsverträgen mit einer Befristung von mehr als zwei Jahren zur Anwendung.

Praxis-Tipp:

Die verlängerten Kündigungsfristen gelten nach dem Gesetzeswortlaut nur für eine Kündigung durch den Arbeitgeber.

Wird der Arbeitnehmer im Rahmen eines befristeten Arbeitsvertrags für drei Monate oder weniger eingestellt, so können Arbeitgeber und Arbeitnehmer nach § 622 Abs. 5 Ziffer 1 BGB eine kürzere Kündigungsfrist als die Grundkündigungsfrist vereinbaren. Welche Kündigungsfrist gewählt wird, hängt von der Gesamtbefristungsdauer ab.

Wichtig: Haben die Arbeitsvertragsparteien in dem befristeten Arbeitsvertrag eine Probezeit vereinbart, so kann das Arbeitsverhältnis – wenn einzelvertraglich nichts anderes vereinbart wurde – innerhalb der vereinbarten Probezeit mit einer Frist von zwei Wochen gekündigt werden. Diese verkürzte Kündigungsfrist gilt längstens für die Dauer von sechs Monaten (§ 622 Abs. 3 BGB).

Anwendbarkeit des Kündigungsschutzgesetzes

Das Kündigungsschutzgesetz findet unter folgenden Voraussetzungen Anwendung:

- Das Arbeitsverhältnis muss ununterbrochen länger als sechs Monate bestanden haben (§ 1 KSchG).
- Im Betrieb werden regelmässig mehr als fünf Arbeitnehmer beschäftigt (§ 23 KSchG).

Sind diese Voraussetzungen erfüllt, so kann sich auch ein Arbeitnehmer, der im Rahmen eines befristeten Arbeitsvertrags eingestellt wurde, auf das Kündigungsschutzgesetz berufen und Kündigungsschutzklage erheben. Ziel einer Kündigungsschutzklage ist es, die Unwirksamkeit der vom Arbeitgeber ausgesprochenen Kündigung feststellen zu lassen. Die Kündigung des Arbeitgeber ist unwirksam, wenn sie sozial ungerechtfertigt ist.

Nach § 1 KSchG ist eine Kündigung nach dem Kündigungsschutzgesetz nur dann sozial gerechtfertigt, wenn der Arbeitgeber für seine Kündigung einen Kündigungsgrund nachweist. Ob und welcher Kündigungsgrund vorliegt, muss der Arbeitgeber im Rahmen des Kündigungsschutzprozesses darlegen.

Kündigungsgründe nach §1 KSchG

- Ein personenbedingter Kündigungsgrund

  z. B. längerdauernde Krankheit des Arbeitnehmers, Wegfall der Aufenthaltserlaubnis bei einem ausländischen Arbeitnehmer

- Ein verhaltensbedingter Kündigungsgrund

  z. B. mangelhafte Arbeitsleistung, häufiges Zuspätkommen,

  oder

- Ein betriebsbedingter Kündigungsgrund

  z. B. Auftragsmangel, Schließung einer Abteilung

Praxis-Tipp:

Einer verhaltensbedingten Kündigung muss nach Ansicht der Rechtsprechung immer mindestens eine Abmahnung vorausgehen. Erst wenn der Arbeitnehmer nach der erhaltenen Abmahnung erneut in gleicher Weise gegen seine arbeitsvertraglichen Pflichten verstößt, kann eine verhaltensbedingte Kündigung ausgesprochen werden. Diese Anforderungen gelten auch bei einer verhaltensbedingten Kündigung eines befristeten Arbeitsverhältnisses.

Klagefrist

Die Frist zur Erhebung der Kündigungsschutzklage beträgt nach § 4 KSchG drei Wochen, gerechnet ab dem Zugang der Kündigung beim Arbeitnehmer.

Musterformulierung

Der Klageantrag des Arbeitnehmers ist als Feststellungsantrag zu formulieren.

```
Es wird festgestellt, dass das Arbeitsverhältnis
durch die Kündigung des Arbeitgebers vom ... nicht
aufgelöst wurde.
```

Wird die Klage nicht rechtzeitig erhoben, so gilt die Kündigung als von Anfang an wirksam, sofern sie nicht aus anderen Gründen angreifbar ist (§ 7 KSchG). Aus andern Gründen (also nicht wegen der drei Kündigungsgründe) kann die Kündigung z. B. unwirksam sein, wenn

- die Kündigung mündlich ausgesprochen wurde, obwohl Schriftform vereinbart war,
- der Betriebsrat vor Ausspruch der Kündigung nicht angehört wurde.

Anwendbarkeit besonderer Kündigungsschutzbestimmungen

Unter besonderen Kündigungsschutzbestimmungen werden z. B. das

- Mutterschutzgesetz
- Bundeserziehungsgeldgesetz
- Schwerbehindertengesetz

verstanden. Diese Gesetze enthalten Kündigungsverbote bzw. knüpfen eine Arbeitgeberkündigung, die nur ausnahmsweise zulässig ist, an die Zustimmung einer staatlichen Behörde. Die besonderen Kündigungsschutzbestimmungen gelten grundsätzlich auch in befristeten Arbeitsverhältnissen.

Mutterschutz

Einer schwangeren Arbeitnehmerin darf nicht mehr gekündigt werden (§ 9 MuSchG). Dieses Kündigungsverbot gilt bis zum Ablauf von vier Monaten nach der Entbindung. In besonderen Fällen kann die für den Arbeitsschutz zuständige oberste Landesbehörde oder eine von ihr bestimmte Stelle ausnahmsweise eine Arbeitgeberkündigung für zulässig erklären.

Achtung: Der Arbeitgeber darf der schwangeren Mitarbeiterin erst kündigen, wenn ihm die Einwilligung der zuständigen Behörde vorliegt. Die Kündigung muss dann schriftlich ausgesprochen und begründet werden.

Praxis-Tipp:

Die Beendigung des Arbeitsverhältnisses durch Ablauf einer vereinbarten Befristung steht einer Kündigung nicht gleich. Wird eine Arbeitnehmerin also während eines befristeten Arbeitsverhältnisses schwanger und endet das Arbeitsverhältnis aufgrund der vereinbarten Befristung während der Schwangerschaft oder innerhalb der Mutterschutzfristen, ist die Beendigung auch ohne Zustimmung der zuständigen Behörde wirksam.

Erziehungsurlaub

Nach § 18 BErzGG darf der Arbeitgeber das Arbeitsverhältnis ab der Beantragung des Erziehungsurlaubes, höchstens jedoch sechs Wochen vor dessen Beginn, und während des Erziehungsurlaubes nicht kündigen. In besonderen Fällen kann die Kündigung ausnahmsweise von der zuständigen Behörde für zulässig erklärt werden.

Die Gründe, aus denen eine Kündigung während des Erziehungsurlaubes für zulässig erklärt werden kann, wurden in einer allgemeinen Verwaltungsvorschrift zu § 18 BErzGG festgelegt. Auf diese greift die zuständige Behörde bei der Prüfung des Antrags des Arbeitgebers zurück. Die Kündigung darf der Arbeitgeber erst aussprechen, wenn die zuständige Behörde die geplante Kündigung für zulässig erklärt hat.

Praxis-Tipp:

Endet das befristete Arbeitsverhältnis während oder vor Antritt des Erziehungsurlaubs aufgrund des Ablaufs der vereinbarten Befristung, so steht dies einer Kündigung nicht gleich. Eine Zustimmung der zuständigen Aufsichtsbehörde ist nicht erforderlich.

Schwerbehinderte

Nach § 15 Schwerbehindertengesetz (SchwbG) muss der Arbeitgeber vor der Kündigung eines Schwerbehinderten die Zustimmung der zuständigen Hauptfürsorgestelle einholen. Darüber hinaus beträgt die Mindestkündigungsfrist für Schwerbehinderte immer mindestens vier Wochen (§ 16 SchwbG).

Die Zustimmung der Hauptfürsorgestelle ist grundsätzlich auch bei der Kündigung innerhalb eines befristeten Arbeitsverhältnisses erforderlich. Allerdings muss sie nur eingeholt werden, wenn das Arbeitsverhältnis im Zeitpunkt der Kündigung schon länger als sechs Monate bestanden hat (§ 20 Abs. 1 Ziffer 1 SchwbG). Bestand das Arbeitsverhältnis weniger als sechs Monate, muss der Arbeitgeber die Entlassung nur anzeigen, kann sie aber ohne Zustimmung der Hauptfürsorgestelle vornehmen (§ 20 Abs. 3 SchwbG).

Praxis-Tipp:

Auch bei Schwerbehinderten steht die Beendigung des Arbeitsverhältnisses durch Ablauf der vereinbarten Befristung einer Kündigung nicht gleich. In diesen Fällen ist also die Einholung der Zustimmung der Hauptfürsorgestelle entbehrlich.

Nachweisgesetz

Das Gesetz über den Nachweis der für ein Arbeitsverhältnis geltenden wesentlichen Bedingungen (Nachweisgesetz = NachwG) verpflichtet den Arbeitgeber, dem Arbeitnehmer die für das Arbeitsverhältnis geltenden Arbeitsbedingungen schriftlich zu bestätigen. Das Gesetz gilt grundsätzlich für alle Arbeitnehmer, sofern sie länger als einen Monat eingestellt werden. Die schriftliche Bestätigung ist nicht gleichzusetzen mit einem schriftlichen Arbeitsvertrag. Die Regelungen eines Arbeitsvertrags werden zwischen Arbeitnehmer und Arbeitgeber in der Regel besprochen, ausgehandelt, schriftlich abgefasst und dann von beiden Seiten unterschrieben. Beim Nachweis der Arbeitsbedingungen nach dem Nachweisgesetz handelt es sich dagegen um eine einseitige schriftliche Zusammenstellung der wichtigsten Arbeitsbedingungen. Der Arbeitnehmer wirkt also weder an der Abfassung noch durch eine Unterzeichnung mit.

Praxis-Tipp:

Bei vorübergehenden Aushilfen, die befristet für weniger als einen Monat – also z. B. für vier Wochen – eingestellt werden, ist kein schriftlicher Nachweis der einzelnen Arbeitsbedingungen erforderlich.

Die Niederschrift der Arbeitsbedingungen bei befristeten Arbeitsverhältnissen muss bestimmten Voraussetzungen genügen. Sie muss insbesondere folgende zehn Punkte enthalten:

Checkliste: Niederschrift der Arbeitsbedingungen

- Name und Anschrift der Vertragsparteien
- Zeitpunkt des Beginns des Arbeitsverhältnisses
- Bei befristeten Arbeitsverhältnissen: die vorhersehbare Dauer des Arbeitsverhältnisses
- Arbeitsort oder, falls der Arbeitnehmer nicht nur an einem bestimmten Arbeitsort tätig sein soll, ein Hinweis darauf, dass der Arbeitnehmer an verschiedenen Orten beschäftigt werden kann

noch: Checkliste: Niederschrift der Arbeitsbedingungen

- Bezeichnung oder allgemeine Beschreibung der vom Arbeitnehmer zu leistenden Tätigkeit
- Zusammensetzung und Höhe des Arbeitsentgelts einschließlich der Zuschläge, Zulagen, Prämien und Sonderzahlungen sowie anderer Bestandteile des Arbeitsentgelts und deren Fälligkeit
- Vereinbarte Arbeitszeit
- Dauer des jährlichen Erholungsurlaubes
- Kündigungsfristen
- Ein in allgemeiner Form gehaltener Hinweis auf die Tarifverträge, Betriebs- oder Dienstvereinbarungen, die auf das Arbeitsverhältnis anzuwenden sind

Praxis-Tipp:

Der Arbeitgeber darf keinen der Punkte weglassen, denn dies wäre eine Abweichung vom Nachweisgesetz zu Ungunsten des Arbeitnehmers. Dies ist aber nach § 5 NachweisG verboten. Der Arbeitgeber darf in der Niederschrift weitere vereinbarte Arbeitsbedingungen aufnehmen – beispielsweise ein Verschwiegenheitsgebot oder die Vereinbarung über eine Probezeit.

Ändern sich eine oder mehrere wesentliche Vertragsbedingungen während des Bestehens des Arbeitsverhältnisses, ist der Arbeitgeber verpflichtet, diese Änderungen dem Arbeitnehmer spätestens einen Monat nach der Änderung schriftlich mitzuteilen (§ 3 NachweisG). Diese Verpflichtung entfällt nur, wenn sich gesetzliche Vorschriften, Tarifverträge, Betriebs- oder Dienstvereinbarungen ändern, die für das Arbeitsverhältnis gelten.

Musterformulierung

Arbeitsbedingungen

Sehr geehrte Frau Fleischer,

wir freuen uns, Sie seit dem 01.05.2000 zu unseren Mitarbeitern zählen zu können. Wir dürfen Ihnen hiermit die mündlich getroffenen Vereinbarungen für das Arbeitsverhältnis schriftlich bestätigen:

1. Sie sind seit dem 01.05.2000 im Betrieb der Obst- und Gemüsegroßhandlung Rote Rübe GmbH, Wurzelstraße 300, 00000 Musterstadt beschäftigt.

2. Das Arbeitsverhältnis ist für die Dauer von 24 Monaten nach dem Beschäftigungsförderungsgesetz befristet. Es endet mit Ablauf des 30.04.2002.

3. Sie werden als kaufmännische Angestellte in der Bestellannahme eingesetzt und mit allen dort üblicherweise anfallenden Arbeiten betraut. Hierzu zählen beispielsweise Entgegennahme von telefonischen und schriftlichen Bestellungen, die Weitergabe an das Lager sowie an die Rechnungsabteilung.

4. Sie erhalten eine Brutto-Arbeitsvergütung von monatlich 2800,00 DM.

5. Die wöchentliche Arbeitszeit beträgt 38 Stunden.

6. Sie haben Anspruch auf einen jährlichen Erholungsurlaub von 20 Arbeitstagen. Es findet das Bundesurlaubsgesetz Anwendung.

7. Das Arbeitsverhältnis kann unter Einhaltung der gesetzlichen Kündigungsfristen gekündigt werden. Die ersten drei Monate gelten als Probezeit.

8. Tarifverträge finden auf das Arbeitsverhältnis keine Anwendung.

Wir freuen uns auf eine angenehme Zusammenarbeit.

Mit freundlichen Grüßen

Obst- und Gemüsegroßhandlung Rote Rübe GmbH

Anwendung von Tarifverträgen und/oder Gesetzen

Finden auf das Arbeitsverhältnis Tarifverträge, Betriebsvereinbarungen und ähnliche Regelungen Anwendung, so kann der Arbeitgeber darauf verweisen. Er kann dann Ausführungen

- zur Zusammensetzung und Höhe des Arbeitsentgeltes
- zur vereinbarten Arbeitszeit
- zur Dauer des Erholungsurlaubes
- zu den Kündigungsfristen

durch einen Hinweis auf den einschlägigen Tarifvertrag, Betriebs- oder Dienstvereinbarungen oder ähnliche Regelungen ersetzen.

Richten sich die

- Dauer des Erholungsurlaubes oder
- Kündigungsfristen

nach den gesetzlichen Vorschriften, so kann der Arbeitgeber auf diese gesetzlichen Regelungen verweisen, ohne sie zitieren zu müssen.

Schließt der Arbeitgeber mit dem Arbeitnehmer einen schriftlichen Arbeitsvertrag, erhalten beide ein unterzeichnetes Exemplar des Vertrags. Hat der Arbeitgeber dem Arbeitnehmer den Arbeitsvertrag ausgehändigt, muss er keine Niederschrift über die wesentlichen Vertragsbedingungen anfertigen, wenn der Arbeitsvertrag die im NachweisG geforderten Mindestangaben enthält. Dies sind:

Checkliste: Mindestangaben in (allen) Arbeitsverträgen

- Name und Anschrift des Arbeitgebers
- Name und Anschrift des Arbeitnehmers
- Beginn des Arbeitsverhältnisses
- Bei befristeten Arbeitsverhältnissen: vorhersehbare Dauer des Arbeitsverhältnisses = Ende der Befristung
- Bestimmter Arbeitsort oder
  - Hinweis, dass der Arbeitnehmer an verschiedenen Orten beschäftigt werden kann, wenn er nicht nur an einem bestimmten Arbeitsort tätig werden soll

noch: Checkliste: Mindestangaben in (allen) Arbeitsverträgen

- Bezeichnung der zu leistenden Tätigkeit oder
  - Allgemeine Beschreibung der zu leistenden Tätigkeit
- Zusammensetzung und Höhe des Arbeitsentgeltes einschließlich
  - Zuschläge
  - Zulagen
  - Prämien
  - Sonderzahlungen
  - Sonstige Bestandteile des Arbeitsentgelts oder
  - Hinweis auf anzuwendenden Tarifvertrag oder Betriebsvereinbarung
- Fälligkeit des Arbeitsentgelts
  - Fälligkeit der Prämien
  - Fälligkeit der Sonderzahlungen oder
  - Hinweis auf anzuwendenden Tarifvertrag oder Betriebsvereinbarung
- Vereinbarte Arbeitszeit oder
  - Hinweis auf anzuwendenden Tarifvertrag oder Betriebsvereinbarung
- Dauer des jährlichen Erholungsurlaubes oder
  - Hinweis auf anzuwendenden Tarifvertrag oder Betriebsvereinbarung oder
  - Hinweis auf gesetzliche Regelung des Bundesurlaubsgesetzes

noch: Checkliste: Mindestangaben in (allen) Arbeitsverträgen

- Fristen für die Kündigung des Arbeitsverhältnisses oder
  - Hinweis auf anzuwendenden Tarifvertrag oder Betriebsvereinbarung oder
  - Hinweis auf gesetzliche Regelung des Bürgerlichen Gesetzbuches
- In allgemeiner Form gehaltener Hinweis auf die Tarifverträge, Betriebs- oder Dienstvereinbarungen

Urlaub im Ein- und Austrittsjahr

Ein befristet eingestellter Arbeitnehmer erwirbt während der Dauer seines befristeten Arbeitsverhältnisses Anspruch auf Erholungsurlaub wie jeder andere Arbeitnehmer auch. Der Anspruch auf Erholungsurlaub ist nur dann ausgeschlossen, wenn das Arbeitsverhältnis nicht ununterbrochen einen vollen Monat bestanden hat (§ 5 Absatz 1 Bundesurlaubsgesetz (BUrlG). Nach dieser Vorschrift entsteht ein Urlaubsanspruch erst nach einem Monat.

Urlaubsdauer

Die Höhe des erworbenen Urlaubsanspruchs bestimmt sich in erster Linie nach den Regelungen im Einzelarbeitsvertrag. Diese können auch auf einen Tarifvertrag Bezug nehmen. Dann bestimmt sich die Höhe des Urlaubsanspruchs nach den Regelungen des Tarifvertrags.

Wichtig: Nur in den Fällen, in denen einzelvertraglich oder tarifvertraglich keine ausdrücklichen Regelungen zur Höhe des Urlaubsanspruchs getroffen wurden, richtet sich die Höhe des Urlaubsanspruchs nach dem Bundesurlaubsgesetz. Nach dem Bundesurlaubsgesetz hat jeder Arbeitnehmer pro Kalenderjahr Anspruch auf 24 Werktage Urlaub.

Praxis-Tipp:

- Das Bundesurlaubsgesetz geht von sechs Arbeitstagen in einer Woche aus und berechnet den Urlaub deswegen nach Werktagen.
- Sofern im Unternehmen fünf Arbeitstage pro Woche gearbeitet werden, sind die Werktage in Arbeitstage umzurechnen. 24 Werktage Urlaub pro Jahr entsprechen vier Kalenderwochen und somit 20 Arbeitstagen Urlaub pro Jahr. Ein Zwölftel hiervon sind 1,67 Arbeitstage pro Monat.

Mindestdauer

Das Bundesurlaubsgesetz regelt den gesetzlichen Mindesturlaub. Das heißt in der gesetzlich festgelegten Höhe von 24 Werktagen erwächst dem befristet eingestellten Arbeitnehmer immer ein Urlaubsanspruch.

Achtung: Einzelvertragliche Regelungen oder tarifvertragliche Vereinbarungen, die den gesetzlichen Mindesturlaubsanspruch unterschreiten, sind ungültig.

Praxis-Tipp:

Ein höherer als der gesetzliche Urlaubsanspruch kann sowohl einzelvertraglich als auch tarifvertraglich wirksam vereinbart werden. Derartige für den Arbeitnehmer günstigere Regelungen gehen den gesetzlichen Regelungen immer vor.

Wartezeit

Der Anspruch auf den vollen Jahresurlaub entsteht erstmals nach einer ununterbrochenen Beschäftigung von sechs Monaten (§ 4 BUrlG). Während der Wartezeit hat der befristet eingestellte Arbeitnehmer für jeden vollen Monat, den das Arbeitsverhältnis besteht, Anspruch auf Erholungsurlaub in Höhe eines Zwölftels des Jahresurlaubes.

Das Bundesurlaubsgesetz sieht die Zwölftelung des Urlaubsanspruchs, also einen Teilurlaubsanspruch, für folgende Fälle ausdrücklich vor.

Checkliste: Teilurlaub

- Eintritt in der zweiten Jahreshälfte

  Tritt der befristet eingestellte Mitarbeiter in der zweiten Jahreshälfte in das Unternehmen ein und kann deswegen im laufenden Kalenderjahr die Wartezeit von sechs Monaten nicht mehr erfüllen, hat er für jeden vollen Monat des Bestehens des Arbeitsverhältnisses Anspruch auf ein Zwölftel des vereinbarten Jahresurlaubs (§ 5 Abs. 1 Buchstabe a BUrlG).

noch: Checkliste: Teilurlaub

- Ausscheiden bis zum Ende des sechsten Beschäftigungsmonats

  Scheidet der befristet eingestellte Arbeitnehmer aufgrund der vereinbarten Befristung oder aufgrund einer Arbeitgeber- oder Arbeitnehmerkündigung des Arbeitsverhältnisses innerhalb der ersten sechs Monate des Arbeitsverhältnisses wieder aus dem Unternehmen aus, hat er für jeden vollen Monat des Bestehens des Arbeitsverhältnisses Anspruch auf ein Zwölftel des vereinbarten Jahresurlaubs (§ 5 Abs. 1 Buchstabe b BUrlG).

- Austritt in der ersten Jahreshälfte nach mehr als sechs Monaten Beschäftigung

  Ist der befristet eingestellte Mitarbeiter bereits mehr als sechs Monate ununterbrochen beschäftigt und hat damit die Wartezeit erfüllt, erwirbt er mit Beginn des neuen Kalenderjahres einen Urlaubsanspruch in voller Höhe. Scheidet er in den ersten sechs Monaten des neuen Kalenderjahres aufgrund der vereinbarten Befristung oder aufgrund einer Arbeitgeber- oder Arbeitnehmerkündigung des Arbeitsverhältnisses aus, so hat er für jeden vollen Monat des Bestehens des Arbeitsverhältnisses in diesem neuen Kalenderjahr Anspruch auf ein Zwölftel des vereinbarten Jahresurlaubs (§ 5 Abs. 1 Buchstabe c BUrlG). War der Arbeitnehmer bereits länger als diese Zeit im Urlaub, kann das gezahlte Urlaubsentgelt jedoch nicht mehr vom Arbeitgeber zurückgefordert werden (§ 5 Abs. 3 BUrlG).

Praxis-Tipp:

Hat der Arbeitnehmer die Wartezeit erfüllt und scheidet in der zweiten Hälfte eines Kalenderjahres aus, hat er Anspruch auf den vollen Jahresurlaub. Auch der Arbeitnehmer, der in der ersten Hälfte des Kalenderjahres in ein Unternehmen eintritt, hat nach Erfüllung der Wartezeit Anspruch auf den vollen Jahresurlaub. Um dies zu verhindern, kann im Arbeitsvertrag vereinbart werden, dass im Ein- und Austrittsjahr der Urlaub entsprechend der tatsächlichen Beschäftigungsmonate berechnet wird.

Musterformulierung

Mit folgender Formulierung kann dies sichergestellt werden:

§ Im Ein- und Austrittsjahr hat der Arbeitnehmer für jeden vollen Beschäftigungsmonat Anspruch auf ein Zwölftel des vereinbarten Jahresurlaubs.

Achtung: Nach § 5 Abs. 2 BUrlG müssen Bruchteile von Urlaubstagen, die mindestens einen halben Tag ergeben, auf volle Tage aufgerundet werden. Bruchteile von Urlaubstagen, die keinen halben Tag ergeben, müssen nach der Rechtsprechung des Bundesarbeitsgerichtes stundenweise gewährt werden.

Teilzeitbeschäftigte

Bei Teilzeitkräften muss der Urlaubsanspruch entsprechend der tatsächlich vereinbarten Arbeitszeit vereinbart und umgerechnet werden. Hierzu setzt man die für Vollzeitbeschäftigte maßgebenden Arbeitstage und die Arbeitstage des teilzeitbeschäftigten Arbeitnehmers rechnerisch zueinander in Beziehung. Ergeben sich dabei Bruchteile von Arbeitstagen, so müssen auch diese als Urlaub gewährt werden. Aufrundungspflichten bestehen im o. g. Umfang.

Beispiel:

Die vollzeitbeschäftigten Arbeitnehmer arbeiten in der Regel fünf Arbeitstage in der Woche. Arbeitnehmer Sanft arbeitet 1,5 Tage in der Woche. Der Urlaubsanspurch von Sanft wird so berechnet:

Arbeitstage des teilzeitbeschäftigten Arbeitnehmers (1,5 Tage) ./. Arbeitstage der Vollzeitarbeitnehmer (fünf Tage) = 3/10

Sanft hat Anspruch auf 3/10 des Jahresurlaubs eines Vollzeitbeschäftigten. Beträgt deren Anspruch 30 Arbeitstage pro Kalenderjahr, hat Sanft Anspruch auf neun Arbeitstage pro Kalenderjahr. Wird Sanft z. B. für insgesamt nur fünf Monate im Kalenderjahr beschäftigt und darf der Urlaubsanspruch aufgrund § 5 BUrlG oder aufgrund einzelvertraglicher Vereinbarung gequotelt werden, hat Sanft für die Dauer des Beschäftigungsverhältnisses einen Urlaubsanspruch von insgesamt 9 : 12 x 5 = 3,75 Tagen.

Stillschweigende Verlängerung

§ 625 BGB sieht für befristete Arbeitsverträge die Möglichkeit einer stillschweigenden Verlängerung vor. Dort heißt es:

§ 625 BGB

Wird das Dienstverhältnis nach dem Ablaufe der Dienstzeit von dem Verpflichteten mit Wissen des anderen Teils fortgesetzt, so gilt es als auf unbefristete Zeit verlängert, sofern nicht der andere Teil unverzüglich widerspricht.

Arbeitet der befristet eingestellte Arbeitnehmer nach Ablauf der Befristung einfach weiter und unternimmt der Arbeitgeber hiergegen nichts, so wird aus dem befristeten Arbeitsverhältnis ein unbefristetes Arbeitsverhältnis. Um dies zu vermeiden, muss der Arbeitgeber

- der Weiterarbeit unverzüglich widersprechen oder
- die stillschweigende Verlängerung des Arbeitsverhältnisses vertraglich von vornherein ausschließen.

Praxis-Tipp:

Der Widerspruch gegen die Weiterarbeit des befristet eingestellten Arbeitnehmers muss klar und deutlich sein. Zweifel gehen zulasten des Arbeitgebers.

Kommt § 625 BGB zum Tragen, d. h. hat der Arbeitnehmer mit Wissen des Arbeitgebers weitergearbeitet und der Arbeitgeber der Weiterarbeit nicht widersprochen, wird der befristete Arbeitsvertrag auf unbestimmte Zeit fortgesetzt. Der Arbeitgeber kann sich dann nur noch durch Kündigung oder Abschluss eines Aufhebungsvertrags vom Arbeitnehmer trennen.

Literaturhinweise

Baumann, Peter: Das aktuelle Recht für Arbeitnehmer, Walhalla Fachverlag

Däubler, Wolfgang: Arbeitsrecht, BUND-VERLAG

Dietz, Karlheinz: Meine Rechte als Arbeitnehmer, WRS Verlag

Eichhorn, Heinz-Josef/Steinmann, Rolf: Abmahnung: Wirksam handeln als Arbeitnehmer, Walhalla Fachverlag

Fock, Fokke: Arbeitnehmerschutz bei Kündigung, Walhalla Fachverlag

Hümmerich, Klaus: Arbeitsrecht, Deutscher Anwaltverlag

Koch, Irmelind R.: 630-DM-Jobs, Walhalla Fachverlag

Krummel, Christoph/Lungerich, Robert: Arbeitsrechtslexikon, Fischer-Taschenbuch Verlag

Müller-Michaelis, Matthias/Wissbar, Ralf: Recht am Arbeitsplatz (mit CD-ROM), SÜDWEST-VERLAG

Notter, Nikolaus H./Obenaus, Walter/Töpper, Bernhard: Meine Rechte am Arbeitsplatz, Beck Verlag

Scherr, Walter J.: 1000 Tipps für Arbeitnehmer, Droemer/Knaur Verlag

Streibl, Florian: Vertragsbausteine Arbeitsvertrag, Walhalla Fachverlag

Findex